·未来学校创新计划系列丛书·

未来教师的
项目化学习设计

丛书主编　王　素
丛书副主编　袁　野　李　佳
祁　彧　张　阳　秦　亮　编著

助你成为
PBL教学
高手

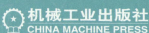
机械工业出版社
CHINA MACHINE PRESS

这是中国教育科学院未来学校实验室为我国教师发展量身打造的一本他们真正需要的书，它从解决教师教育困境出发，帮助教师解决项目化学习不想做、不能做、不会做的问题。本书共四个模块七章内容，为教师提供了一条能力持续进阶的路径。因为项目化学习的本质，不是（以"珠峰"为目标的）项目，而是（以"体能"为结果的）学习，所以它需要我们在这条进阶路径上刻意练习，不断精进。我们最终会发现，本书驱动问题的答案并非"藏"在理论里，而是"长"在我国教师真实的项目化学习实践里。

扫描封面上的二维码，即可查看增值资源，方便教师更好地使用本书。

图书在版编目（CIP）数据

未来教师的项目化学习设计/祁彧，张阳，秦亮编著. —北京：机械工业出版社，2022.6（2023.2重印）
（未来学校创新计划系列丛书/王素主编）
ISBN 978-7-111-71185-8

Ⅰ.①未… Ⅱ.①祁…②张…③秦… Ⅲ.①中小学—师资培养—研究 Ⅳ.①G635.12

中国版本图书馆CIP数据核字（2022）第121070号

机械工业出版社（北京市百万庄大街22号 邮政编码100037）
策划编辑：熊 铭　　　　　责任编辑：熊 铭 高 晶
责任校对：潘 蕊 刘雅娜 责任印制：李 昂
北京联兴盛业印刷股份有限公司印刷
2023年2月第1版第2次印刷
184mm×260mm·8.75印张·210千字
标准书号：ISBN 978-7-111-71185-8
定价：49.00元

电话服务　　　　　　　　　网络服务
客服电话：010-88361066　　机 工 官 网：www.cmpbook.com
　　　　　010-88379833　　机 工 官 博：weibo.com/cmp1952
　　　　　010-68326294　　金 书 网：www.golden-book.com
封底无防伪标均为盗版　　　机工教育服务网：www.cmpedu.com

Foreword 前言

风靡全球的项目化学习（PBL）来了。我不想做！我不能做！我不会做！如何解决这三个问题，就是本书的驱动问题。

为什么此前关于项目化学习的书不能解决这三个问题呢？因为此前的书，只关注了教师会不会做，而没有关注教师能不能做。这就好比是，我们知道怎么爬珠穆朗玛峰，却不等于能够爬，体能上可能也不足以支持我们这样做。虽然关于项目化学习的书籍众多，而且还会日益增加，但是，我们最希望看到的，是"评价先行"的项目化学习书籍。

本书包括四个模块、七章内容：

模块标题		章标题	
模块一	为什么要做项目化学习（why）	第一章	为什么全球教育普遍选择了项目化学习
模块二	项目化学习是什么（what）	第二章	项目化学习的本质究竟是什么
		第三章	项目化学习的本质：貌似理解与真正理解
模块三	谁能做项目化学习（who）	第四章	什么样的教师更容易做好项目化学习
		第五章	什么样的学校更容易做好项目化学习
模块四	如何做项目化学习（how）	第六章	包含"评价设计"的项目化学习设计
		第七章	包含"评价实施"的项目化学习实施

通过每章的标题，就能读出浓浓的"评价先行"的味道，比如：

先来看"what"。关于项目化学习是什么，我们不仅希望你知道项目化学习的本质，还希望你能立足我国项目化学习的情境，区分"貌似理解与真正理解"，这是对于当前项目化学习的反思。

再来看"who"。关于谁能做项目化学习，是在进入项目化学习实操之前的"诊断"，让我们一起看看更容易做好项目化学习的教师和学校，究竟有何不同？如此这样，我们才能意识到，就算知道怎么攀爬珠峰，却不等于能够登上珠峰峰顶。

最后来看"how"。关于如何做项目化学习,"评价"一词直接出现在了标题里,这也是本书重点着墨的部分,几乎占了全书的一半篇幅,分为设计和实施两个部分。设计的部分,我们优化改编了萨米特学校的项目化学习设计量规与表现性评价设计量规,让我国教师可以更有针对性地培养出包含"评价设计"的项目化学习设计能力。实施的部分,与项目化学习设计不同。项目化学习设计对于大多数教师来说的确有很多新知识、新技能,而项目化学习实施并没有特别多的新知识、新技能。或者说,教师不熟悉项目化学习实施不是因为不熟悉项目化学习本身,而是缺少在探究学习和合作学习的教学形式中累积的形成性评价的教学实施能力。

我们为教师提供了一条能力持续进阶的路径。因为项目化学习的本质,不是(以"珠峰"为目标的)项目,而是(以"体能"为结果的)学习,所以它需要我们在这条进阶路径上刻意练习、不断精进。

我们最终会发现,本书的驱动问题的答案并非"藏"在理论里,而是"长"在我国教师真实的项目化学习实践里。

Contents 目录

前言			
全书框架概览			/1
模块一 为什么要做项目化学习 （why）	**第一章** 为什么全球教育普遍选择了项目化学习	1.1 新挑战：教育变革此时此地此身	/4
		1.2 旧问题：策略之争由目标来终结	/5
		1.3 一模型：终身成长无限循环模型	/7
		1.4 本章小结	/9
模块二 项目化学习是什么 （what）	**第二章** 项目化学习的本质究竟是什么	2.1 大合集：在定义辗转腾挪的背后	/12
		2.2 一句话：本质就是摸着石头过河	/15
		2.3 一座桥：教师是学习和项目之桥	/16
		2.4 一封信：来自项目管理专家的信	/16
		2.5 本章小结	/21
	第三章 项目化学习的本质：貌似理解与真正理解	3.1 失败了：从国外打假信息里学习	/23
		3.2 无规划：不摸石头，一蹦就想过河	/27
		3.3 无情境：小马用大牛的方法过河	/29
		3.4 无评价：只顾摸石头却忘记过河	/30
		3.5 本章小结	/31

模块三
谁能做项目化学习（who）

第四章　什么样的教师更容易做好项目化学习

4.1　有好奇：永远好奇如何学以致用　/33
　　4.1.1　工具1　意义学习　/33
　　4.1.2　工具2　乔哈里窗　/35
　　4.1.3　工具3　实干家名单　/36
　　4.1.4　工具4　问题清单　/37

4.2　换角色：做菩提祖师还是做唐僧　/39
　　4.2.1　教练角色　/39
　　4.2.2　更多角色　/40

4.3　提能力：循序渐进，慢慢来比较快　/41
　　4.3.1　七必备　/42
　　4.3.2　一新知　/42
　　4.3.3　三步走　/44

4.4　本章小结　/48

第五章　什么样的学校更容易做好项目化学习

5.1　有目标：不会误把手段当作目的　/49
5.2　内整合：集体教研支持能力卡点　/53
5.3　外整合：外部资源转为挑战任务　/56
5.4　本章小结　/59
5.5　小彩蛋：如何确认素养教育眼神　/59

模块四
如何做项目化学习（how）

第六章
包含"评价设计"的项目化学习设计

6.1 抓标准：评价先行，从我自己做起 /65
  6.1.1 设计标准 /65
  6.1.2 专有名词 /68
  6.1.3 目标设计 /71
  6.1.4 体验设计 /73
  6.1.5 特征设计 /75
  6.1.6 交互设计 /79
6.2 三条边：设计中可能存在的极限 /80
6.3 用工具：用一页纸构思设计蓝图 /81
  6.3.1 教师动机 /83
  6.3.2 学生动机 /83
  6.3.3 评价三板斧 /87
  6.3.4 学生难点 /95
  6.3.5 驱动问题 /96
  6.3.6 项目实施 /101
  6.3.7 项目名称 /106
  6.3.8 关键资源 /108
  6.3.9 项目墙 /109

模块四
如何做项目化学习（how）

第六章　包含"评价设计"的项目化学习设计

- 6.4　用案例：带着问题意识拆解案例　/111
  - 6.4.1　"教师就能评价"的案例　/111
  - 6.4.2　"非教师就能评价"的案例　/112
- 6.5　用模板：让设计能力被完整看见　/115
- 6.6　本章小结　/117

第七章　包含"评价实施"的项目化学习实施

- 7.1　有标准：标准尺有所短，寸有所长　/118
- 7.2　抓转变：自己就是秋天的一棵树　/119
  - 7.2.1　第一类：树枝型能力　/120
  - 7.2.2　第二类：过渡型能力　/122
  - 7.2.3　第三类：树叶型能力　/122
- 7.3　有红线：对婚庆式实施坚决说不　/123
- 7.4　有金线：形成性评价，持续性反馈　/125
- 7.5　重证据：自己建立专业发展档案　/126
- 7.6　本章小结　/128

编者心语　/130

全书框架概览

模块标题	每章标题	每节内容	
模块一　为什么要做项目化学习（why）	第一章	为什么全球教育普遍选择了项目化学习	【新挑战】	教育变革此时此地此身
			【旧问题】	策略之争由目标来终结
			【一模型】	终身成长无限循环模型
			本章小结	
模块二　项目化学习是什么（what）	第二章	项目化学习的本质究竟是什么	【大合集】	在定义辗转腾挪的背后
			【一句话】	本质就是摸着石头过河
			【一座桥】	教师是学习和项目之桥
			【一封信】	来自项目管理专家的信
			本章小结	
	第三章	项目化学习的本质：貌似理解与真正理解	【失败了】	从国外打假信息里学习
			【无规划】	不摸石头，一蹦就想过河
			【无情境】	小马用大牛的方法过河
			【无评价】	只顾摸石头却忘记过河
			本章小结	
模块三　谁能做项目化学习（who）	第四章	什么样的教师更容易做好项目化学习	【有好奇】	永远好奇如何学以致用
			【换角色】	做菩提祖师还是做唐僧
			【提能力】	循序渐进，慢慢来比较快
			本章小结	
	第五章	什么样的学校更容易做好项目化学习	【有目标】	不会误把手段当作目的
			【内整合】	集体教研支持能力卡点
			【外整合】	外部资源转为挑战任务
			本章小结	
			小彩蛋	如何确认素养教育眼神

（续）

模块标题	每章标题		每节内容	
模块四　如何做项目化学习（how）	第六章	包含"评价设计"的项目化学习设计	【抓标准】	评价先行，从我自己做起
			【三条边】	设计中可能存在的极限
			【用工具】	用一页纸构思设计蓝图
			【用案例】	带着问题意识拆解案例
			【用模板】	让设计能力被完整看见
			本章小结	
	第七章	包含"评价实施"的项目化学习实施	【有标准】	标准尺有所短，寸有所长
			【抓转变】	自己就是秋天的一棵树
			【有红线】	对婚庆式实施坚决说不
			【有金线】	形成性评价，持续性反馈
			【重证据】	自己建立专业发展档案
			本章小结	

模块一
为什么要做项目化学习（why）

CHAPTER 01
第一章　为什么全球教育普遍选择了项目化学习

 1.1　新挑战：教育变革此时此地此身

"到处是水，却没有一滴水可以喝。"用柯勒律治的诗句来描绘现如今信息时代的困境，可能再适合不过了——身处信息海洋里，却很难找到真正有用的信息。打开本书的教师，可能是"70后""80后""90后"。在我们上学的时候，信息是"稀缺"的。"新华书店"这四个字，可能在当时的我们看来，有着很重的分量；我们甚至很可能直到现在还保留着一个习惯，每去一座大城市，第一件事情就是去它的新华书店或者其他有特色的书店。因为喜欢书，因为喜欢孩子，我们成为教师。现在，当我们面对各种铺天盖地的信息时，出现了信息"过剩"的困惑，所谓"知道很多道理，然而还是过不好这一生"，说的就是这种情况。而我们所面对的学生，他（她）们可能是"00后""10后"，天生就在这样的环境里。这些互联网的原住民们最需要什么样的学习呢？

进入工业化社会以来，学校一直围绕着读写能力来培养学生。读书写字，培养的是学生的"抽象思维"能力。这种情况一直持续到互联网普及。互联网第一次让教师们意识到，学生需要学会的，不只有"抽象"这一个方向。就像《浅薄》一书的作者尼古拉斯·卡尔所说："工业化思维方式是透过现象看本质，由浅入深；信息化思维方式是透过本质看现象，由深入浅。后者达到的，就是浅薄，而浅薄比深刻境界更高。"这就像我们讲究的"知行合一"："知"是一个透过现象看本质，由浅入深的过程；而"行"是一个透过本质看现象，由深入浅的过程。以前，只靠"知"就能筛选出社会需要的人才。但是，当互联网把全世界的"知"互联互通以后，人们才意识到，不仅仅是"知"，同时能够透过本质看现象开展"行"的人，才是当前信息浪潮中最迫切需要的人才。

与此同时，人工智能的快速发展也让我们不断反思：人类智能，究竟在这个世界中扮演什么角色呢？无论是在围棋竞技这样的项目上，还是在疾病诊断这样的项目上，人工智能都在迅速超越人类智能，它正在让大量的旧的工作岗位消失。而我们的学生是否为那些全新的岗位做好准备了呢？美国麻省理工学院前院长戈登·布朗（Gordon Brown）过去经常说:"要想成为一名教师,你就必须要成为一个预言家——因为你的工作是在帮助人们为30~50年后的世界做好准备"。㊀ 教师,就是来自未来世界的使者。

  2016 年,中国教育科学研究院和未来学校实验室联合发布了《中国未来学校白皮书》,开篇提到:"未来学校的兴起是时代前进的号角,各国为应对新一轮科技与产业革命,陆续出台了着眼于未来的人才培养规划和教育发展战略,并根据本国特点开展了多种形式的未来学校探索和实验项目。"经济与社会的快速发展,对教育也提出了新的期待。这样的期待,在全世界范围内也得到了越来越广泛的共识。2020 年 1 月,世界经济论坛发布的《未来学校:为第四次工业革命定义新的教育模式》明确划分了学校教育的发展历程。它提到:农业社会时代的教育是 1.0 版本,工业社会时代的教育是 2.0 版本,全球化时代的教育是 3.0 版本,创新社会时代的教育是 4.0 版本。对于我国教师而言,更直接的挑战就是,我们自己经历的教育是 2.0 版或 3.0 版的,而现在却需要为自己的学生开启 4.0 版的教育。

  这件事情,看似远在天边,却又近在咫尺。

  "70 后""80 后""90 后"的教师,都是看着哆啦 A 梦长大的。那个时候,哆啦 A 梦还不叫哆啦 A 梦,叫机器猫。我们小时候也许都会想,要是自己也有一只机器猫就好了,特别对那个"记忆面包"念念不忘。直到 1999 年出现了高考作文题《假如记忆可以移植》,我们才意识到原来高考作文题脑洞可以那么大。万万没有想到的是,对我们来说,那篇高考作文真正的考点其实是现在——如果小时候能美梦成真,每个孩子都有一只机器猫,都有"记忆面包",我们的课堂应该何去何从呢?开启我国的未来教育,就是这个时代赋予我们这一代教师的使命。

 ## 1.2 旧问题:策略之争由目标来终结

  当前,全球都不约而同选择了项目化学习这种突出"学以致用"的教学策略,会不会只是一种暂时的风潮呢?作为教师,我们都特别希望学生"学以致用",把在此时此地学到的东西迁移运用到自己的生活中。当前所说的素养,无论是国内还是国外,都把它定义为"知识、能力、态度"三者的综合,而且是以无论情况多么复杂都"可迁移"作为重要特征的。

  我们都想要实现"活的"可迁移的学习,而不是"死的"学习。那么问题来了,为什么"可迁移"并不容易发生呢?哈佛大学"零点项目"名为"可迁移的知识"㊁ 的研究对此有详细的分析:

㊀ 彼得·圣吉(Peter Senge),等. 第五项修炼. 知行学校:全 2 册 [M]. 李晨晔,译. 北京:中信出版集团,2018.

㊁ 凡是有 * 的地方,扫描封面上的二维码,即可查看更为详细的内容。

"好消息是：任何学科的典型课程都有丰富的思想、主题和方法，具有很高的迁移潜力——原则上知识具有可迁移性。（即使有些典型课程是专业技术，不一定需要广泛的迁移，但是可迁移的知识还是有很多。）坏消息是：原则上的可迁移性并不等于实际上的可迁移性，我们通常说的'知易行难'也印证了这个问题。早在一个多世纪前的研究就已经表明，学生们通常不会把他们正在学习的东西联系得很广。学生所学的知识往往会被卡在原地而不是迁移。"

那么学生为什么无法迁移呢？该项研究给出的结论是："这个问题的部分原因是简单的遗忘，但是最主要的原因不是遗忘，而是激活。当学生学习的话题原则上与某个特定的报纸标题、家庭谈话或另一个学科的话题完全联系在一起时，大多数学生不会注意到这些关系。当学生面对自己的个人决定可能被他们正式研究过的话题影响的时候，这种联系还是不会被想到。这就变成了，知识原则上是可迁移的，但实际上是不可迁移的。"这也就是说，不遗忘也未必能够实现迁移。这和我们在前面讨论的信息爆炸时代的挑战就可以呼应起来了：信息可以很容易获取，这只避免了遗忘，但是能否"激活"，才是实现"可迁移"的关键。如果我们从"学以致用"的角度来理解全球教育不约而同选择项目化学习的时代背景，我们会发现这种可能变化并不新鲜。所以，会不会项目化学习只不过是教学策略经典争论在当下的表达呢？

从教学策略层面探讨，就需要借助有关教学策略的书籍，如 *Mastering the Instructional Design Process*（《掌握教学设计流程》，暂无中文版），在该书中，作者做了如下系统梳理："教学设计者们从不同的理念观点出发，就学习和教学问题进行了激烈的争论。根据美国教育技术学知名专家亚历山大·罗米斯佐夫斯基（Alexander Romiszowski）的经典描述，关于学习和教学的两个理论立场似乎代表了教学策略的理念流派的主要观点。一些教学设计者认为，所有的学习都可以说是接受过程（所谓海绵式学习）的结果。这种观点导致了解释性的教学策略。但是其他的教学设计者认为，所有的学习都是由学习者发现的过程（所谓淘金式学习）所产生的。这种观点导致了体验性教学策略的产生。"[⊖]

对于主张海绵式学习的人来说，"学习的中心是交流过程。学习是通过接触学习者以外的环境变量来进行的，教学就是通过操纵这些变量来达到预定的目的。学习发生在人们接收、理解、应用并根据别人教给他们的信息采取行动的时候。学习者是教学信息的被动接受者，教学设计者是教学信息的主动传递者，教学本身就是教学信息的同义词。当教学设计者认为学习是通过这种交流过程进行的时候，他们选择了一种解释性的教学策略。大多数传统的教育者赞成这种方法。这是一个由四个步骤组成的过程，在这个过程中，教师应该：①向（被动的）学习者提供信息；②测试学习者对信息的回忆或理解；③为学习者提供练习或应用信息的机会；④为学习者提供机会，将他们所学到的东西概括到实际情况或问题中。"

⊖ ROTHWELL WILLIAM J, BENSCOTER G M BUD, KING MARSHA, et al. Mastering the instructional design process: A systematic approach[M]. Wiley, 2015.

而对于主张淘金式学习的人来说,"学习是非常个人化的,发生在学习者内心的精神世界中。它与其说是来自于对学习者外部环境变量的操纵,不如说是来自于学习者自身内化的洞察、反思和体验。当教学设计者相信学习是通过这种以体验为导向的过程进行的时候,他们就会倾向于体验性教学策略。这也是一个由四个步骤组成的过程,在这个过程中,教学设计者将:①为学习者创造机会,让他们接受重要的体验并观察或反思它们;②向学习者提出体验问题并观察学习者的反应;③帮助学习者思考他们所经历的一般原则和重要的情感体验;④为学习者创造机会,让他们将所学到的东西应用到实际情况和问题中。"

当我们从教学策略层面探讨,才能更清晰地意识到,离开学习目标来讨论策略的好坏是不明智的。我们不能把知识当作技能来教学,更不能把技能当作知识来教学;所有的教学策略,都是为了教学目标的实现。可以这样说,我们的培养目标发生了更加面向未来的变化,这才是需要调整教学策略的最直接的原因。这也是为什么讨论项目化学习之前,一定会听到大量关于素养的讨论的原因所在。

在 2019 年 9 月上海学习素养课程研究所成立仪式上,原上海市教委副主任、原上海教育学会会长、国家督学张民生教授问了一个问题:为什么最开始讨论的是素养,最后一下子就都变成了项目化学习了呢?这个问题对我们有一个启发,在全球不约而同选择项目化学习的背后,或许还有更深层次的原因。这个原因会不会已经不仅仅存在于教育领域了呢?

1.3 一模型:终身成长无限循环模型

当前,在反思教育的时候,我们经常会说到,现代学校是工业时代的产物。《第五项修炼》的作者美国麻省理工学院教授彼得·圣吉(Peter Senge)提到,"如果不重塑企业和教育这两个传播工业时代世界观与技能的核心组织,变革就不可能到来"[○]。这意味着,当我们思考教育变革的时候,也需要看见工业时代最核心的企业组织形态在发生什么样的变革。因为奇迹企业背后,一定藏着如何激发一个人的秘密。当我们用"组织进化"的视角来观察教育中正在发生的学习方式创新时,一切都会变得更加清晰。

奇迹企业背后,藏着如何激发一个人的秘密。

在第四届中国教育创新年会上,本书笔者第一次知道了日本 N 高中,他们的分享特别打动我。不仅因为 N 高中的校长也是教社会科学的,是我的同行,更是因为他提到 N 高中的创立初衷:"N 高中源于日本的 N 站(一个创作与分享动画、漫画、游戏内容的视频网站)。当年进入日本动漫行业的人,往往都是教师眼中不爱学习、调皮捣蛋的学生,但是这些学生却创造了动漫行业的辉煌。这背后,一定藏着这个行业如何激发人的秘密。这才有

○ 彼得·圣吉(Peter Senge),等.第五项修炼.知行学校:全 2 册 [M].李晨晔,译.北京:中信出版集团,2018.

了 N 高中。"那么,企业激发人的秘密到底是什么?大家可能觉得,多给钱不就行了?实际情况还真不是。《哈佛商业评论》指出,大多数情况下,一个企业要激发员工,"需要提供公道的薪资,最好能比平均水平高些,但也要在四个方面赋予自主权:任务(要做的事)、时间(何时做事)、团队(和谁一起做事),以及技术(如何做事)。"* 教师是不是有点眼熟?当我们说任务的时候,像不像说项目化学习?说时间的时候,像不像说自适应学习?说团队的时候,像不像说合作学习?说技术的时候,经历过线上教学的我们,一定还记忆犹新。这些都让我们隐约感受到,企业的组织进化和学习方式创新之间可能存在着一个桥梁。我们试着把这个桥梁找出来。最终,我们在《人人文化:锐意发展型组织 DDO》⊖ 这本书中找到了答案。书的腰封非常吸引人:"如何让你的组织悍将辈出、良将如潮。"不管是一个学校,还是一个班级,我们都想拥有这样的文化氛围。作者哈佛大学教育学院的罗伯特·凯根(Robert Kegan)和丽莎·拉斯考·莱希(Lisa Laskow Lahey)研究了一套方法,希望将这样的文化复制到每一个组织中。于是,他们提出了一个模型*,可能你会担心,它会不会不符合中国国情。但我们研究发现,这个模型与我国文化完美契合,于是把它翻译成了"借事""修人",如图 1-1 所示。

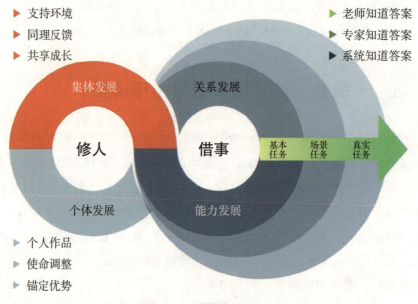

图 1-1 "借事""修人"

这是什么意思呢?以大家特别熟悉的孙悟空为例,这只猴子大闹天宫的时候,我们都觉得他是个大问题,就算把他压在五行山下,这个问题依然存在。于是,我们找到一件事——护送唐僧取经,以此来解决这个问题,这就是"借事""修人"。如何"借事""修

⊖ 罗伯特·凯根(Robert Kegan),等. 人人文化:锐意发展型组织 DDO[M]. 薛阳,倪韵岚,陈颖坚,译. 北京:北京师范大学出版社,2020.

人"呢？这个模型里，包含四个不同的维度，分别是个体发展、集体发展、能力发展和关系发展，它们彼此相连，形成了一个无限循环。

这个无限循环怎么展开呢？继续用孙悟空的例子来讲，孙悟空有其自身优势，若他独自取经，一个筋斗云就解决问题了，但是这并不能实现他的成长。于是，我们给他组织团队，唐僧、八戒、沙僧都来了。集体发展与个体发展不同，需要有共同的目标，有大家彼此的支持和相互的反馈。后续的能力发展和关系发展，就进入我们教育人更为熟悉的领域了。我们都知道，让孙悟空发生转变特别难，就像我们时常会遇到一些让人头大的学生。但这没有关系，为什么？因为孙悟空的老师也拿他没办法。最早教他本事的菩提老祖，最后也只能嘱咐他一句："你之后惹出事来，千万不要提我的名字。"所以，如果只是从一个基本任务，一个教师知道答案的任务去要求孙悟空，显然没有办法推动他的发展。这就需要进入到场景任务，让他真正去担任一个工作，可是大家也知道弼马温这个职位被他弄成了什么样子，所以这也解决不了他个人发展的问题。怎么办？只能继续向外移动，进入真实情境的任务。关于取经这件事情，菩萨也没有答案，需要取经人自己去体验。于是，师徒四人就上路了，一路上整理了各种各样的关系，之前认识的、不认识的、有恩的、有仇的，都在取经历程中得以重建。而孙悟空的个人发展，想当齐天大圣，想去除恶扬善……也在取经这件事情当中一一实现了。绿色箭头中的三项任务就是表现性评价中的任务设计连续统一体，从基本任务，到场景任务，最后到真实任务的挑战。

在人的发展过程中，一直有这样一个循环在起作用。

说到这里我想追问一个问题，在这个循环里，教师最容易忽视哪个环节呢？在教学设计中，我们往往容易忽略"关系发展"。因为我们将学校叫作"象牙塔"，希望学生们聚集在一起就能自然而然地想着为社会做贡献。实际上，当学生们没有和那些真正想要为社会做贡献的人产生关系时，是很难进入这样一个情境的。因此在设计学习方式的时候，我们需要反思，有没有在学生的学习旅程中设计出让学生和那些正在为社会服务的人产生连接的机会。如果我们把学习理解成终身成长，那么基础教育阶段的学习，就要考虑和更持久的学习进行对接，而不仅仅是为了升入更高阶段的学校而进行学习。当我们引入了这个在职业发展中也适用的无限循环模型以后，理解全球教育不约而同地选择项目化学习的原因，也就多了一种视角。

 ## 1.4　本章小结

无论是有项目化学习经验的教师，还是没有项目化学习经验的教师，心里可能都有一串疑问：全球教育为什么要改？为什么全球都不约而同地选择了项目化学习？会不会其实还有其他的选择？……如果不解开这些疑问，就可能难以理解项目化学习与我们究竟有什么关系。

"新挑战"：当未来变得不一样，教育需要如何应对？对于我国教师而言，更直接的挑战就是教师自己经历的教育是 2.0 版（工业社会时代的教育）或 3.0 版（全球化时代的教育），而现在需要为自己的学生开启的教育是 4.0 版（创新社会时代的教育）。开启我国的未来教育，就是这个时代赋予我们这一代教师的使命。

"旧问题"：项目化学习作为一种强调"学以致用"的教学策略，为什么会成为全球的共同选择，这个问题还需要回到教学策略的经典争论之中来观察。我们不能把知识当作技能来教学，更不能把技能当作知识来教学；所有的教学策略，无论是海绵式还是淘金式，都是为了教学目标的实现。我们可以这样说，我们的培养目标发生了更加面向未来的变化，这才是我们需要调整教学策略的最直接的原因。

"一模型"：在全球不约而同选择项目化学习的背后，或许还有更深层次的原因。这个原因已经不仅仅存在于教育领域。由四个不同维度（个体发展、集体发展、能力发展和关系发展）彼此相连形成的无限循环，是从终身成长的角度可以看到的全球教育选择项目化学习更深层次的原因。

模块二
项目化学习是什么（what）

CHAPTER 02
第二章　项目化学习的本质究竟是什么

 2.1　大合集：在定义辗转腾挪的背后

我们把最主要的项目化学习的定义都汇总在这里，透过这些不尽相同的表达，辗转腾挪，或许可以有机会看到项目化学习的本质究竟是什么。

参考定义一：来自 PBL Works。"项目化学习是一种教学方法，学生通过积极参与真实世界和对个人有意义的项目进行学习。如果你正在寻找一个更加正式的定义的话，项目化学习是一种教学方法，学生通过一段时间的工作，探究和回应一个真实的、有吸引力的、复杂的问题或挑战，来获得知识和技能。"* PBL Works 是全球推广项目化学习的重要机构，这个定义在欧美国家通用。

参考定义二：来自 Edutopia（教育乌托邦）。"项目化学习是一种动态的课堂教学方法，学生在这种方法中积极探索真实世界中的问题和挑战，并获得更深层次的知识。"* Edutopia 是由《星球大战》的导演乔治·卢卡斯的基金会创办的，它聚焦于教育创新的 6 个话题，其中之一就是项目化学习。第一眼看去，我们会觉得它的定义与 PBL Works 的定义很接近，但是这里着重强调了"深层次的知识"，也就是说，用项目化学习能达到的目标，不用项目化学习很可能是无法达到的。从全球对于"深层次（deeper）"的描述来看，并非指加大难度或者拔高高度的知识，而是指更加具有迁移性的知识。

参考定义三：来自《PBL 项目制学习》一书。"从广义上讲，项目化学习就是学生对开放性问题进行研究，并运用所具备的知识来制造真实的产品或制订出原创的解决方案。项目通常会顾及学生的自由选择，并为学生的主动学习和团队合作打下基础。但是，项目化学习并非是完全开放式的，教师要对项目进行设计，从而强调严谨的学习目标，并且提供指导、学习资源和教学反馈来帮助学生取得成功。"⊖ 这本书的中文名字没有翻译准确，它的英文名字是"Reinventing Project-Based Learning"，是"重塑项目化学习"的意思。从

⊖ 苏西·博斯（Suzle Boss），简·克劳斯（Jane Krauss）. PBL 项目制学习 [M]. 来赟，译. 北京：中国纺织出版社有限公司，2020.

定义就能看出，这里想要"重塑"的部分很明显；它把教师要发挥的作用做了清晰的表达，努力在拉近项目化学习和日常教学的关系，如果只看该定义后半句教师要发挥的作用，即使对于没有使用项目化学习的教师，也不得不承认，自己也是要发挥这样的作用的。

参考定义四：来自教育改革词汇（The Glossary of Education Reform）。"项目化学习是指任何利用多方面项目作为教育学生的中心来组织策略的方案或教学方法。"作为教育改革的词汇宝典，这个定义重点突出了"以项目作为中心来组织策略"，使用了一种更中性的描述方式。最不容错过的内容是，关于项目化学习，它不仅给出了项目化学习定义的来龙去脉，还把赞成和反对的观点都做了梳理，我们这里采用表格的形式来呈现，见表2-1。

表 2-1　关于项目化学习的不同声音

赞成的声音	反对的声音
● 项目化学习让学生对他们所学的概念和知识有了更"综合"的理解，同时也为他们提供了可以在一生中应用的实践技能，项目化学习的跨学科性质有助于学生在不同学科之间建立联系，而不是将数学和科学等视为没有共同点的独立学科 ● 因为项目化学习反映了学生离开学校后将遇到的现实情况，它可以为大学和工作提供更强有力和更相关的准备，学生不仅获得重要的知识和技能，还学习如何研究复杂的问题、解决问题、制订计划、管理时间、组织工作、与他人合作以及坚持和克服挑战等 ● 项目化学习反映了当今学生的学习方式，它可以提高学生在学校的参与度，增加他们对所学内容的兴趣，增强他们的学习动力，并使学习体验更加有关联和有意义 ● 项目化学习代表了一种更灵活的教学方法，它允许教师为具有不同兴趣、职业抱负、学习风格、能力和个人背景的学生量身定制作业和项目 ● 项目化学习允许教师和学生同时处理多种学习标准，学生不仅可以在数学课上达到数学标准，在科学课上达到科学标准，还可以在从事单个项目或一系列项目的同时逐步展示对各种标准的熟练程度	● 项目化学习无法以偏概全，可能无法确保学生学习到他们期望在课程、学科领域或年级水平学习阶段涉及的所有必需材料和标准，当各种科目混为一谈时，教师更难以监控和评估学生在特定学科中学到的内容 ● 许多教师没有必要的时间或专业培训来有效地使用项目化学习，这种方法对教师提出了更高的要求——从课程准备到教学方法，再到学习进度的评估——而学校可能不具备采用项目化学习模式所需的资金、资源和能力 ● 学生选择和设计的项目在学术严谨性和质量上可能差异很大，项目化学习可能会淡化学习期望，造成课程质量下降 ● 项目化学习不太适合缺乏自我激励或在脚手架似的辅助学习支持较少的学习环境中有困难的学生 ● 项目化学习引发了各种管理支撑问题，因为学生更有可能在校外或无人监督的环境中学习，或者与未经培训的教育工作者一起工作

顺便需要指出的是，通过这张在项目化学习定义后面罗列出"赞成的声音和反对的声音"的表格，你或许已经发现，当我们讨论项目化学习的时候，并不是在讨论一个"完美的方案"，而是要去思考如何去"扬长避短"。在解读项目化学习案例的时候，更是如此。真正能够有借鉴意义的案例，一定在"扬长避短"方面有自己独特的方法。

参考定义五：《项目化学习设计：学习素养视角下的国际与本土实践》[一]"学生在一段时间内对学科或跨学科有关的驱动性问题进行深入持续的探索，在调动所有知识、能力、品质等创造性地解决新问题、形成公开成果中，形成对核心知识和学习历程的深刻理解，

[一] 夏雪梅.项目化学习设计：学习素养视角下的国际与本土实践[M].北京：教育科学出版社，2018.

能够在新情境中进行迁移。"上海教育科学研究院夏雪梅博士给出了为数不多的本土化的项目化学习定义。我们可以看到，这个定义与前面第一个以及第二个定义在视角上是很接近的，融合了第一个定义关于"手段"的视角和第二个定义关于"目的"的视角。

看完这些定义，我们不妨思考一个问题：这么多的人反复定义项目化学习，究竟想要把项目化学习和什么教学方法区分开呢？这里需要借助一张图*，如图 2-1 所示，帮助教师理解这个问题。

图 2-1 的下半部分是项目化学习；图 2-1 的上半部分，虽然最后也有一个"项目"，但恰恰是项目化学习想要划清界限的范围。上半部分就像是按照教材的顺序上课，在一个单元的最后，有个"探究活动"。下半部分，不只是把原有的活动和作业打包，而是具有一个又一个的里程碑，把这个项目串连了起来。用这种方法设计的项目化学习，从本质上看，究竟想要做什么呢？

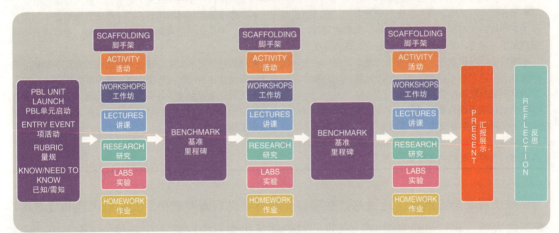

· GRAPHIC RECREATED BASED ON NEW TECH NETWORK'S PBL VS. A PROJECT
  此图片根据新技术联盟（New Tech Network）关于项目化学习和项目的区别绘制

图 2-1　PROJECT BASED LEARNING VS. PROJECTS 项目化学习与项目

○　图片来源：https://www.magnifylearningin.org/what-is-project-based-learning.

2.2 一句话：本质就是摸着石头过河

如果要用我国教师最熟悉的方式概括项目化学习的本质，那一定是——项目化学习的本质就是摸着石头过河。

在我们原来的学习过程中，无论要学习的"东西"是什么（可能是知识，也可能是某种技能），这些"东西"对于教师来说都是很熟悉的"已知"，而对于学生来说却是"未知"。我们的关注点往往只在这个要学习的"东西"上，只重视学生是不是又快又好地掌握了这个需要学习的"东西"，而忽视了学生是否掌握了自己打开"未知"领域的方法。如果我们回到学生的"未知"状态开始设计学习的过程，这样的学习过程对于学生来说，就是一个摸着石头过河的过程。可以这样说，"过河"这个结果很重要，学会"摸石头"的过程也很重要，因为这是学生在未来应对各种不确定性的关键方法。

我们一共有四种类型的"已知"和"未知"关系：①已知的已知（known knowns），②已知的未知（known unknowns），③未知的未知（unknown unknowns），④未知的已知（unknown knowns）。在学校教育中，课程前测一测，学生已知的已知就出来了，课本往学生面前一放，已知的未知就出来了；但如果学生始终处于"被教"的状态，就会失去学会处理这四种类型关系的可能。日本学者也提到："关注未知的未知，是开拓'知'的世界的第一步。"① 而未知的已知，与学生如何认识自己密切相关，这些与学生的终身发展紧密相连。

我们可以这样说，在狭义的教育（甚至可以用中"培训"来代替"教育"这个词）中，教师只需要去关注学生的①和②；在广义的教育中，教师不仅需要关注学生的①和②，还需要关注学生的③和④。我们现有的教育，在①和②方面做得很好（就是常说的"智育"），也把④归入到了"德育"，唯独③缺少真正的落地。在未来没有充满不确定性的时候，有或者没有③都关系不大，但是当未来充满了不确定性的时候，③就需要成为教育不可或缺的组成部分。这就是探究式学习，它正进入课程改革要求。

也许大家会疑惑，如果说只需要解决"不确定性"的问题，那么探究式学习（或者问题式学习）也可以实现，但项目化学习的定义不仅限于此。在"大合集"里回顾项目化学习定义的时候，为什么无论学生年龄大小，与真实世界的互动、解决真实问题都如此重要呢？如果和过去相比，我们的未来仅仅是增加了不确定性，那么探究式学习（或者问题式学习）的确就够了；而在第一章的时候，我们就已经发现了当前处于信息浪潮之中的人们所面临的"知"与"行"失衡的状态。日本一所创新学校N高中的学校网站封面语一直提醒着每个读书人："信息本身不能创造价值，而能够根据信息独立思考并独立行动的人才可

---

① 细谷功. 高维度思考法：如何从解决问题进化到发现问题[M]. 程亮，译. 北京：中国华侨出版社，2018.

以创造价值。"也就是说，只是独立解决"不确定性"的问题，确实探究式学习（或者问题式学习）就足够了；如果还要考虑到我们都身处于"知行合一"不容易实现的信息浪潮之中的话，探究式学习（或者问题式学习）只关注"知"的增加，可能就不够了。很多教师想知道探究式学习的问题设计和项目化学习的问题设计究竟有什么区别。我们可以从"知行合一"的视角进行理解，"知行合一"让项目化学习在③和④之间建立了深刻的联系。

当我们说项目化学习的本质就是"摸着石头过河"的时候，不只是指获得"知"的方式的变化，也是指学生在"真实"的"河"中去获得"知行合一"的智慧。在这样的学习过程中，四种类型的"已知"和"未知"的关系不是割裂的，而是整合的。

2.3　一座桥：教师是学习和项目之桥

在真实的行业里，面对不熟悉、不确定的情况，需要摸着石头过河，即做试点、做项目。"项目、学习、项目化学习"这三者的关系，类似于"战争、训练、战争演习"这三者的关系。战争在乎输赢，项目在乎成败；而战争演习、项目化学习则都是"借事修人"，目的就是为了找到训练或学习的盲区，从而更好地得到成长。

会打仗的将军不一定能成为战争演习的总导演，因为战争是"用兵一时"，训练是"养兵千日"，而战争演习就是要在"养兵千日"和"用兵一时"之间搭建桥梁。担任战争演习的"总导演"本身也是一件非常专业的事情。其实，对于项目化学习的"总导演"来说，道理也是一样的。

不过，你可能要说，战争演习的"总导演"毕竟是个桥梁，既要了解"用兵一时"的"战争"，也要了解"养兵千日"的"训练"。我们作为教师，只熟悉"学习"，不熟悉"项目"，甚至根本就不知道项目是什么意思，我们要怎么做项目化学习的"总导演"呢？也许这里面，还藏着你作为教师心里的一大疑问，为什么不叫"任务式学习""挑战式学习"，一定要叫"项目化学习"，"项目"这个词有什么不能替代的含义吗？

别担心，我们请了国内懂"项目"的专家给我国一线教师写了"一封信"（一篇文章），让你能快速了解"项目"究竟是什么意思，以及这些管理项目的专家究竟在做什么。

2.4　一封信：来自项目管理专家的信⊖

> 2021 年 3 月在北京，北京探月学院张阳老师塞给我张小卡片，上面写道："期待一起做一节给老师们的项目管理课。"对此我欣然答应。

⊖ 摘自微信公众号"童话新说"2021 年 4 月 22 日发布的推文。

一方面是因为"靠谱"和"可信"二字对我来说是非常大的激励；另一方面是因为探月学院目前正致力于我国教育评价体系的改革实践。作为一名对用标准品思路"制造"孩子的教育评价体系持保留态度的家长，我希望能为此出一份力。

于是就有了今天这篇文章。

在接下来的篇幅里，我希望能丢掉所有传统项目管理知识和体系的包袱。今天咱一不聊工具，二不聊角色，三不聊流程，仅针对张阳老师提出的问题，用一篇文章的篇幅把项目管理的逻辑以及发展趋势给讲清楚。相信在此基础上，后续老师们的学习自然会更水到渠成。

另外，我个人一直都坚信一点："这个世界上的绝大多数项目，仅仅用便利贴就可以做得很好，甚至连便利贴都可以不用"。

当然前提是，首先你得真正搞明白什么是项目管理。

一、什么是项目管理？

这是我曾经问过很多人，也被很多人问起过的一个问题。

有的人会觉得项目管理就是做计划，有的人会觉得项目管理就是十大知识领域，五大过程组，四十九个子过程的输入工具……当然更有人降维打击，将项目管理理解为一整套做事流程和方法。

我觉得，上述这些定义都不够硬核。

为什么呢？因为项目的管理者是人，而不是计划和工具。

因此在我看来，项目管理的本质，首先是人的掌控欲的一种表达。

什么是掌控欲呢？这种感觉有点类似于诸葛亮的运筹帷幄：人们都喜欢表达自己对某件事的掌控感，呈现到具体项目上，也就成为项目计划（比如隆中对）。

这就能解释为什么传统项目的管理者特别喜欢画大而全的甘特图，而很多公司高层也普遍喜欢大而全的项目计划……这是一种掌控欲的表达。

项目的管理者通过认知构建计划，通过计划触发行动，通过行动实现目标，这是一套看似严丝合缝的逻辑。

围绕这个逻辑，就有了一套非常经典的"做事方法"的说辞：依靠什么人（领导、团队、供应商）沟通，确保（风险）在什么时间内（进度），花费多少钱（成本），把什么样的事情（范围），做成什么样（质量）。

可从上述表达中，我们应该不难发现：掌控欲的表达，其实非常考验项目管理者的认知水平。

当认知水平足以支撑掌控欲的时候，人人都可以是诸葛亮。比如下楼打一瓶酱油这种小项目，你非常有经验，可以预知到后续发生的几乎所有事，有能力掌控可能发生的所有不确定性，所以做起来得心应手。

可当认知水平不足以支撑掌控欲的时候，比如你想火星移民，想通过大而全的全局规划来实现目标，结果往往就是项目执行层面的失败。

有很多项目失败了，表面上看是执行层面出了问题，可追根溯源，首先还是因为当事人在自我认知方面出现了问题。

比如，你认为你可以解决这个问题（认知），实际发生了却没有解决好（执行）。请问，到底是认知层面出现了问题，还是执行层面出现了问题呢？

我个人从来都不主张一个项目管理小白在一开始去学很多工具方法，主要是因为对于当前项目而言，真正有价值的认知主要来自于过往的经验，而不是书本上的概念和知识。

经验远比书本和课堂上获得的东西更为靠谱，在做的过程中所获得的感悟会更真实和深刻，而经验在绝大多数项目里，本身就是最好的认知。

这种感觉就好像，你让一个经验丰富的人去准备一桌子的美味食物，他会自发展开上述思考，甚至都不需要做具体的计划，这已经是一种由经验转化成的本能，这才是真正内化了的项目能力。

可反之，你即便给一个厨房小白再多工具和方法，再周密的计划也无法保证他能备好一桌子菜。看似是执行层面的问题，实际是认知层面出了问题。

如果没有经验，那就立足于当下，不要害怕犯错，在做的过程中（而非单纯的规划和构思过程）解决遇到的一个又一个真问题，摔了跟头以后及时复盘总结，是获得真认知的最高效途径，同时也是项目经理高效成长的必经之路。

在传统项目管理的理念里，总是特别强调先知后行，比如按计划办事。知到位了，再去考虑行，有了计划再去触发行动。

虽然由此可以获得某种掌控感，可在这个逻辑里面往往也暗含了一个隐患：当掌控欲超出了项目管理者的认知范畴，当经验不足以支撑你大范围的掌控欲，对此你又无能为力的时候，又该怎么办呢？

比如当经验丰富的家庭主妇做了一桌子色香味俱全的菜，可孩子回来以后，吃了两口突然就嫌腻，剩下的菜都不想吃了，你又该怎么办呢？

于是，敏捷项目管理就出现了。

二、什么是敏捷项目管理？

对于敏捷，抛开一系列角色、工具、流程、定义不谈，我个人倾向于将其理解为承认自身的认知缺陷，克制自己的掌控欲，缩小自己的掌控范围。

简单来说，就是把项目范围缩小，把计划变轻，在洞悉到可能出现的超出掌控能力范畴的变化时，不要妄想一下子把"一桌子菜"都给做好。

为什么过去的认知和经验无法掌控整个项目生命周期的全局了？

原因很简单，除了客户的需求多变、外部的环境多变等常见因素之外，最关键的点在于：作为项目管理者，你的行为也成为导致变化的最关键因素，这在哲学里叫"行为先于本质"。

打个比方，一位妈妈按照自己过去对孩子口味的理解烧了一桌子菜，这是传统项目管理的典型特征。通过大而全的计划，她表达了掌控欲。

可问题是，抛开孩子当前可能心情不好、状态不好等外部原因之外，你应该也不难发现，项目成果里的每一道菜，孩子在品尝的时候，都有可能会改变孩子接下来的需求。

比如第一口吃了红烧肉以后他突然觉得腻了，那么剩下的荤菜他可能就不想吃了。

这就是一种典型的超出了项目管理者认知范畴的要素，也无法从根本上解决。因为我们就是罪魁祸首，是我们创造的那碗红烧肉导致了现在的局面。

那你可能会觉得：我不烧红烧肉，炒青菜总可以吧？

可问题是，吃了炒青菜，又可能会触发新的需求，此时可能孩子又会觉得寡淡。

总之，你是不可能靠提着自己的头发把自己给拎起来的。

当你在某种特定的项目环境下终于开始意识到这一点的时候，此时你就应该清楚：自己的掌控欲应该被收敛和克制，项目也只能通过切割掌控欲的方式来分步完成。

所谓敏捷，简单来说，就是把一个大项目计划的从0到100，拆分成 N 个小项目，N 是多少一开始并不需要知道，也没法知道。

你只需要知道，接下来的第一步是要做从0到1还是从0到2的项目就好。

选择从0到1，从0到2，还是从0到3，不仅仅取决于你的认知和能力（能完成1个、2个还是3个），更取决于客户当前最迫切和清晰的需求，到底是"1""1、2"还是"1、2、3"，或是更多。

如果放在刚刚的案例中，极端点说，那就是出去吃饭时不要一开始就点好一桌子菜，可以点一道吃一道，再根据吃完以后的需求和状态点下一道。

当然，这种拆分也并不是简单的拆分。因为表象上看是在拆分，实际是在通过一个"缩小"的认知去触发第一步的行动，然后获得第二步该怎么走的行动纲要。如此反复循环，于是就形成了一个又一个的冲刺和迭代。

这是一种黑暗里的手电筒式思维，你只有走到下一步，才能看到下一步手电筒照到的地方，或者用更通俗的话来说，就是摸着石头过河，通过一个又一个的石头，实现了项目切割。

切割的依据是什么呢？是每个小阶段所完成的成果一定要能独立为客户创造价值，从而获得客户的反馈，为下一步怎么走提供充分依据。

但凡满足这个要求的，就是好切割。

说到这儿，就不得不提到一个人，那就是敏捷的"祖师爷"，质量管理大师戴明，他的"全面质量管理"里有三个核心理念：持续改进，创造附加价值，让客户满意。这其实已经涵盖了敏捷的所有精神内核。

简单来说，就是面对客户多变的需求（无论是不是我们造成的），我们要去临机应变。

说到这儿，你应该能发现，其实无论是敏捷的迭代增量和持续改进，还是PDCA戴明环，都是在让项目经理在多变的环境下去努力克制自己的掌控欲，尤其是当能力不足以支撑欲望的时候。

作为当事人，我们首先要有正确的自我认知和评估意识，看看自己的掌控欲到底能在特定的项目环境下延展到多远的地方，做不到的时候千万不要逞能。

接下来，我们可能还会遇到的另外一个问题是：把项目"切割"得细一点还是粗一点好？

在我看来，任何的切割都没有对错，只有利弊的平衡。

因为我们既不能过分自信于自己的认知，更不能妄自菲薄。

举个例子来说，我相信大家可能都经历过孩子在家里写作文这事。明明是一篇很简单的作文，孩子有时害怕写不好，害怕无法捕捉到家长或老师的真实需求，于是写几个字就让我们过去看一下，然后让我们给意见，这就是一种典型的敏捷过了头。

可不可以呢？当然可以，但是管理成本太高，具体表现为家长或老师会觉得很烦，觉得多此一举，这是敏捷项目管理方法用在传统项目环境里所带来的浪费。

此外，这种频繁的迭代还可能会丧失一部分的大局观（比如整篇作文的架构），因为太过急功近利。

可如果孩子在写作业的时候，从头到尾都不找老师或家长过目，一旦把握不好主题，最后很可能的结果是全篇打回重做，这是传统项目管理方法用在敏捷环境下的失败。

所以，敏捷的"程度"，实际是多方面因素成本效益分析的权衡结果。只有四个字，那就是因地制宜。

三、总结

传统项目管理是知优先于行（按计划办事），是自上而下的逻辑，而敏捷项目管理里是通过行获得知（迭代、增量、持续改进），行先于大而全的知，是自下而上的逻辑。

通过认知去做事，还是从做中获得认知，并没有太大区别。就好像王阳明提及的知行合一，从本质上说，知和行本是一回事：认知的过程本身就是行为，而行动自然会带来新的认知，知行分离，只是古人补偏救弊的做法而已。

无论是临机应变还是运筹帷幄的能力，都不仅仅取决于我们自身的能力，更取决于外部环境。当然，即便是敏捷项目管理，在每个环节的冲刺迭代里，依然需要整体把控。

无论传统项目管理还是敏捷项目管理，都是尽可能在合适的场景下表达管理者的掌控欲,无非是范围大小的区别而已。

何时用敏捷,何时用传统的项目管理,以及如何用敏捷,此时我相信大家心中应该已经有了答案。

简单做个总结:项目管理,本没什么神秘的,就是一种掌控欲的表达,最好的项目管理方法是"纸上得来终觉浅,绝知此事要躬行"。

敏捷项目管理,更没什么神秘的,面对变化克制自己的掌控欲,做一步看一步,通过"跬步"获得认知,以及后续"千里"的可能。

无论敏捷项目管理,还是传统项目管理,都是在告诫我们要克制掌控欲,不要"挣能力范围外的钱",更不要计划能力范围外的事情。

这就是为什么我明知这一篇可能没法满足张阳老师的所有需求,可我仍然选择了先写一篇 4 000 字的文章,通过获得反馈,再决定下一步怎么走。这可能就远比一开始就规划个几万字,从头到尾把项目管理这事儿给讲明白要来得更加现实。

这就是敏捷,因为我约束了自己的掌控欲。

文章读完了,如果你还有更多的关于"项目"的问题,可以直接去关注微信公众号"童话新说"。把他当成一名你可以去请教的"将军",给他留言。他熟悉"用兵一时"的"项目",你熟悉"养兵千日"的"学习"。作为项目化学习的"总导演",你心里是不是更踏实一点点了呢?

作为一线教师,从童曜这篇文章里的"约束自己的掌控欲"这个观点,还能收获的一个启发就是,为什么我们一说到面对未来的挑战,全球的教育就齐刷刷地转向了项目化学习呢?所谓的"项目",就是我们熟悉的那句话——"摸着石头过河",这不仅仅是个方法,这本身就包含着极大的智慧,能够拥有这样智慧的人,自然是可以应对未来各种挑战的人。

2.5 本章小结

本章从"知"的角度来理解项目化学习的本质。

"大合集": 我们把项目化学习最主要的定义都汇总在这里,透过这些相同又不相同的表达,辗转腾挪,或许可以有机会看到项目化学习的本质究竟是什么。如果追问一个问题,这么多的人反复定义项目化学习,究竟想要把项目化学习和什么教学方法区分开?我们试着用一张图给大家提供了回答。

"一句话": 既然这本书要解决教师的项目化学习实操问题,我们就不从项目化学习的灵感来自约翰·杜威等人的实践学习理念方面来概括项目化学习的本质,而是找到了我国实践者的故事里最有代表性的一句话来概括。毫无疑问,这句话就是"摸着石头过河"。不只是说获得"知"的方式的变化,也是说学生在"真实"的"河"中去获得的"知行合一"的智慧。

"一座桥": "项目、学习、项目化学习"这三者的关系,就类似于"战争、训练、战争演习"这三者的关系。战争在乎输赢,项目在乎成败,而战争演习、项目化学习都是"借事修人",目的就是为了找到训练或学习的盲区,从而更好地成长。而教师,就是"学习"和"项目"之间的桥梁。

"一封信": 如何让项目化学习的教师要理解"项目"?我们非常期待国内做项目管理的专家可以用最简洁的方法给一线教师说明白"项目"这件事情。通过来自专家的一封信,可以帮助教师看到"项目"这个词语想表达的真正含义。

CHAPTER 03

第三章 项目化学习的本质：貌似理解与真正理解

 3.1 失败了：从国外打假信息里学习

不要只看着国外项目化学习开展得如火如荼，其实也有"失败了"的情况；貌似理解项目化学习和真正理解项目化学习的差异，在国外的项目化学习教师里同样存在。我们作为项目化学习教学策略的"后发"者，从这种貌似理解和真正理解的差异里学习，需要有一点"事前诸葛亮"的味道。就是先假设自己的项目化学习失败了，然后找出可能导致项目化学习失败的各种原因。这样，就可以更有针对性地预防这些问题。如果用这种方法，国外的项目化学习打假信息就是我们必须事先了解的内容。

稍加整理，我们就会有很多发现：比如把项目化学习搞成了活动，只有项目（或者活动）没有学习，项目化学习只给成绩好的学生开设，项目化学习只是最后让学生做个演讲展示，项目化学习变成了家庭作业并不在课堂开展，日常教学还是一样只是最后考核时使用了项目化学习，等等。项目化学习失败了的情况并不少见。最重要的误区，'PBL Works'已经为我们做了概括，那就是——项目化学习究竟是"零食"还是"正餐"？

"零食"等于"项目"，"正餐"等于"项目＋学习"。根据的分析，两者的区别主要反映在七个方面[*]：①发生时间，是在结尾还是全程都是；②驱动，是学生还是教师；③焦点，是产出还是产出和过程；④目标，是否与课程标准和学生核心素养目标有关；⑤完成方式，学生在家独自完成还是必须在教师的指导下由学生合作完成；⑥影响范围，学校还是更大的真实世界；⑦展示方式，在教室还是面向更多的真实受众。

在这里我们就可以推断，项目化学习在对目标、影响范围、展示方式这三者有清晰定义的情况下，仍然存在着"失败了"的情况，那就意味着这三者在真正落地的时候，是存在一定挑战的。比如影响范围和展示方式这两个方面存在的挑战相对容易理解，因为项目化学习始终在突破学校教室的"情境"，当学校要真正落地项目化学习的时候，是需要思考如何回应这个问题的，但是，摁下葫芦起来瓢，当项目化学习的"情境"取得突破的时候，教师就会发现目标（尤其是课程标准）不太好把握了。

而谈到课程标准，就会关系到教师对落地课程标准的理想方式的理解。如何在坚持课程标准的情况下还能确保学生驱动，这也是在设计和实施中需要去仔细处理的。而在发生时间和完成方式这两者存在的问题，往往也关系到我们如何理解究竟应该在课堂里发生什么，项目化学习真的会是"不负素养不负分"的选择吗？这是我们每个人心里的疑惑，也是我们在写这本书的时候最希望帮助大家解开的一个疑惑。这里为大家送上一个小专栏：

世间安得双全法，不负素养不负分？[一]

这个问题，是我接触素养教育以来就一直在琢磨的问题。当然，我也相信，肯定不只是我想要找到这个问题的答案，这几乎是每个对学生负责的老师在当前都绕不开的问题。我很愿意和你分享这个问题的答案，不仅是因为我从理性上有足够的证据可以说服我自己，其实更是因为一个感性的瞬间：

一年前，我读到了"新校长传媒"的一篇文章（作者张光，《成绩和素养如何兼具？一所"深度学习"世界级示范校的 11 个细节》）*，很兴奋地和同事们讨论，一上课就读量规，这个特别奇葩的操作，人家也在做，原来我们并不孤单啊！

回到那篇文章，它提到，同样是开门见山，与国内明确当堂课的主题不同，美国卡斯科湾高中的人文课教师苏珊·麦克蕾（Susan McCray）关注的首要问题是学生对当前阶段的学习目标是否清楚。"有人愿意站起来告诉我们目标是什么吗？"她会这样进行提问。

没想到的是，同事说了一件让我们更兴奋的事情：由于疫情，不少在国外读中学的孩子不得不暂时转学到国内。我们有个面试的学生，就来自这篇文章里提到的这个学校。他说，在国内找了一圈中学，似乎只有探月学院和自己原来学校的教学方法一模一样。那一瞬间，就像是自己本来一直在草稿纸上埋头演算答案，忽然，全班公认的学霸喊出了我在草稿纸上写的这个答案，我又惊又喜。探月一开始，我们就试着为全球教育创新交出一份中国答案。和国外相比，我们教师专业发展的差距是明摆着的，也不敢有任何懈怠。而那一瞬间，让我们感到在教师专业发展方面所有的付出都值得了。

如果你问我：世间安得双全法，不负素养不负分？

我的答案很明确：有，而且全球的答案惊人地一致。这个答案，不是来自于理论的推演，而是全部来自于一线的实践。

一、一切教学都是有效的吗？

这是来自澳大利亚墨尔本大学教授哈蒂（Hattie J.）的研究，叫作"可见的学习"。各种新的教学方法层出不穷，如果你也觉得眼花缭乱，不如去他的网站，该网站甚至直接提供中文版*，看看学生的学业成绩数据带给我们的答案，让自己可以冷静地想一想。

除了网站，哈蒂教授还有一本书，也叫《可见的学习：最大程度地促进学习：教师

[一] 摘自微信公众号"素养的夏天"。

版》○。当我读到他写下的第一段正文"在教育领域中,一个最为持久的观点就是'一切都似乎有效(everything seems to work)'。我们很难找到认为自己是处于'平均水平之下'的教师。每个人(家长、政客、学校领导)都会有一个理由来说明为什么他们对于学校教学或改革的观点有可能会是成功的。确实,关于教学和学习的修辞和游戏规则,看起来在为'一切皆可(everything goes)'进行辩护"的时候,我就知道,这本书能够给我提供宝贵的视角:它带我走进了世界上的每一间教室,用数据告诉我每一间教室的故事,从而让我知道,什么样的教学更有效。根据 2018 年的统计结果,最有效的教学,是一个叫作认知任务分析(cognitive task analysis)的东西。它是什么,我从来没有听说过啊?直到我发现,原来在我们惯常以为的行为主义和建构主义之间,已经被打开了一个新的空间,被叫作认知主义。等我再继续顺藤摸瓜,我就发现,其实最厉害的人们,已经早早地且悄悄地为学校锁定了这个"认知主义"答案。

二、教学的卡点究竟是什么?

今年,笔者认识了一位既做教师专业发展研究又做学习数据分析研究的国外大学教授。难得遇到既看软指标又看硬指标的"双核"思维学者,我肯定要问一个既软又硬的问题。于是我问他,我国的互联网专家们陆陆续续开始关注科技向善普惠,关注教育;美国的互联网专家们,在用什么方式关注教育发展,特别是教师发展呢?没想到,他默默地把我已经非常熟悉的萨米特(Summit)这个公立特许学校的例子拿出来,又给我推荐了一次。

关于 Facebook(脸书)创始人马克·艾略特·扎克伯格(Mark Elliot Zuckerberg)和萨米特的具体故事可以去读这两篇文章,一篇作者是陈志敏,来自微信公众号"新校长传媒"《Facebook 工程师:我们怎么改造美国中小学的公立教育?》*,另一篇作者是张凌锋,来自微信公众号"外滩教育"《这所被比尔·盖茨与扎克伯格盛赞的学校,如何在现代教育中披荆斩棘?》*。更多关于萨米特的信息可以阅读萨米特的创校历史《准备》○。

陈志敏的文章提到:"2015 年 9 月,Facebook 与萨米特公校(Summit Public School,美国一家特许连锁学校)合作,共同开发个性化在线学习平台(Personal Learning Platform),提供定制化的教育方案。本文来自参与该项目的一位 Facebook 工程师陈志敏,分享了他所理解的个性化学习。"

张凌锋的文章提到:"认知技能包括协作、沟通和批判性思维等必不可少的终生技能。萨米特认为,认知技能是达成学业、事业与生活成功的必需品。因此,他们与斯坦福大学评估、学习与公平中心(SCALE)合作,将认知能力细分为数十项不同技能,每项技能均有八个等级,对学生能力的增长给予较为客观与全面的评价标准。每一位萨米

○ 约翰·哈蒂(John Hattie). 可见的学习:最大程度地促进学习(教师版)[M]. 金莺莲,洪超,裴新宁,译. 北京:教育科学出版社,2015.

○ 黛安娜·塔文纳(Diane Tavenner). 准备[M]. 和渊,屠锋锋,译. 北京:中信出版集团,2020.

特的学生，在毕业时，都能获得六级或以上的认知技能评估。"

他提醒我的是，看上去是萨米特有工程师的技术加持，实际上萨米特和斯坦福大学做测评最专业的SCALE做了一套基于"认知能力"的量规，这是教育和技术可以合力的关键。引导教师关注"认知"这条路，并且在"认知"这条路上，把教师最不擅长的"评估"工具都准备好了，一通百通。

我太知道这套量规的好处了，因为我每天上课都用它啊！它有七个领域，它的排列就是严格遵循认知主义的方法，输入+处理+输出，时时刻刻提醒教师：首先，只有三种输入方式，要么是一篇精读的文章，要么是一堆庞杂的资料需要去粗取精、去伪存真，要么是一个需要探究的问题；其次，就进入到了处理的环节，分析综合都在这里；最后，就是输出，课堂常见的输出形式也就是三种，要么是写作，要么是讨论，要么是演讲。教学环节清清爽爽，教学评估工具整整齐齐，连不同学科之间的分工都写得明明白白，不得不服。这也是我会和每所来探月交流的学校推荐这套认知能力量规的原因。

这个时候，大家可能还会有疑问：这套东西会不会不适合我国呢？我强烈建议大家打开最新版本的《中国高考评价体系》四层的考察内容，第二层学科素养的三个维度有承上启下的作用，我们读原文的表述就会发现，它也是遵循了认知主义的逻辑：输入—加工处理—输出。《可见的学习》的研究结果、萨米特的选择、《中国高考评价体系》的表述、中国台湾地区的"学思达"教学法，无一例外都用了认知主义的方法。

只看学生学业成绩的答案，是"认知"，想要学生能为未来做好准备的答案，还是"认知"。除了赶紧追，我还能说什么呢？

三、隔壁邻居让我瞬间清醒

这一年，跟着北京师范大学教育创新研究院刘坚教授做卓越教师教学能力标准的时候，我确实是被刘坚教授问出的这个问题刺激到了。我就在想：要说教育内卷，亚洲其他地区也内卷，我们的教师如何能够做到"不负素养不负分"呢？直到我在一本叫作《明智之地》(*Clever Lands*，暂无中文版)的书里找到了答案。本书作者带着类似的问题，扎扎实实做了调研，看看日本教师上课究竟做了啥？咱们直接上结论：在日本的课堂上，学生使用推理任务的频率明显要高。所谓推理任务也就是：解释想法背后的推理过程；使用表格、图表、图形来表征或者分析关系；解决无法一眼看穿答案的问题；和/或写出方程式来表示关系。

台上一分钟，台下十年功，是什么在支持教师这样做呢？我想你已经猜到了，就是教师的集体教研。很多时间都花在讨论课堂提出的问题上，任何细节都不放过。因为提出问题的好坏，直接关系到学生学习的质量。好的问题可以让整个课程持续很长时间。比如，数学教师举例子的时候，究竟是用23这个数字，还是24这个数字，都需要充分考虑。读

第三章　项目化学习的本质：貌似理解与真正理解

到这里，确实不得不服隔壁邻居的操作。不能怪我国教师专业能力不够，作为教研组长乃至学部负责人，我们往什么方向带节奏，这个才是"不负素养不负分"最关键的突破口。

四、结束语

当我把这个学年所有的蛛丝马迹全部串起来以后，最开心的事情就是，关于"世间安得双全法，不负素养不负分"，我不仅收获了一个问题的答案，而且还收获了一个行动的方案。那就是：我作为学部负责人，和所有一线教师一起，认认真真打磨课堂提问，扎扎实实积累基于认知方法的可攻（创新教学）、可守（传统教学）、可盐（刻意练习）、可甜（能力评估）的教学策略。一步一个脚印，让教师专业能力的成长看得见。

2020这个学年，我最喜欢的是知名心理咨询师陈海贤博士的一句话："这个世界最生动、最美好、最有活力的样子，就是一个又一个实践者，在理论和实践的微妙间隙，通过他们的实践创造出来的。"与每一位一线的教育实践者共勉！

虽然"不负素养不负分"这个话题看似和项目化学习没有直接关联，但是它让我们看到了在"理论和实践的微妙间隙"中存在着一种更灵活的可能性。也正是因为这个可能性存在，让我们作为"后发"的项目化学习的教师，不那么容易重蹈覆辙，把项目化学习做失败。

为了确保项目化学习不失败，也已经有了相对有共识的"黄金标准"（即围绕学生的学习目标，包括关键知识和理解力以及关键的成功技能），在项目设计的时候，需要包括以下七个基本要素：①驱动问题；②持续探究；③真实性；④学生声音和选择；⑤反思；⑥批评和修正；⑦公开作品。

具体可以参考阅读《PBL项目学习黄金标准》[一]一书。接下来，我们就跟随着这套黄金标准，对照我们在"后发"落地项目化学习的关键误区，来帮助教师更准确地理解项目化学习的本质。

3.2　无规划：不摸石头，一蹦就想过河

通常我们看到全球通用的项目化学习的黄金标准的第一反应，就是把它当作"核验单"，看看它列出的东西自己有没有做到。可是，石墨看到金刚石的时候，也是这样想的。明明我们都是碳啊，怎么就差别这么大呢？如果只是"貌似理解"项目化学习的本质，就会把黄金标准当成一个数学组合题；而"真正理解"项目化学习的本质，会把黄金标准当成一个数学排序题。比如，第一年的项目化学习和后来项目化学习的要素配比肯定不一样，

[一] 约翰·拉尔默（John Larmer），约翰·梅根多勒（John Mergendoller），苏西·博思（Suzle Boss）. PBL项目学习黄金标准[M]. 胡静，张昱华，彭红玲，译. 北京：光明日报出版社，2019.

那究竟有什么不同呢?

第一年,教师和学生都是第一次接触项目化学习,彼此心知肚明,以后肯定还需要迭代。所以,一方面,解决动力问题,既然以后还要继续项目化学习,学生的声音和选择最重要。最开始的时候,学生们的注意力在"项目(project)"是不是自己喜欢的,而不是在"学习(learning)";另一方面,解决闭环问题,先把项目化学习最小闭环才有可能迭代,教师带领学生进行反思的能力,就成为决定性要素。

那第一年以后呢?我们要往什么方向迭代呢?随着学生和教师对"项目"这个新形式的新鲜劲儿一过去,就会反思,到底"学习"是什么呢?如果说学生动手做个东西,就能培养创新能力,我们以前的劳技课不就已经足够了么?我们是不是弄错了项目化学习黄金标准里的某个要素呢?

这里就要说到项目化学习黄金标准里排在第一位的要素——驱动问题了。美国作家蒂姆·费里斯在(Tim Ferriss)《巨人的方法》的开篇前言里就提到:"通常来说,你和你想要的东西之间存在的就是一系列更好的问题。"①当我们要培养学生面向未来的创造性解决问题的能力时,不是培养学生动手做多少个东西,而是培养学生提出一系列好问题的能力。当教师和学生都已经习惯了教师问、学生答的教学,如何让学生始终能够问出好问题,才是项目化学习能否为学生成长持续助力的关键。抓住了驱动问题和持续探究,就是抓住了项目化学习培养创造力的关键。

稳扎稳打,有了学生的声音和选择、反思、批评和修正、驱动问题、持续探究五个要素了,我们就有了一个学校象牙塔里的项目化学习。但是,它还不是真的项目化学习,它还需要通过公开作品的反馈在真实的世界中形成闭环。而且,更加值得我们思考的是,当我们把项目化学习从学校这座象牙塔放入真实世界的时候,真实世界的专家真是这样解决问题的么?这就是项目化学习起源的时候最想解决的问题。项目化学习起源于医学院,就是因为人们发现学校教的东西无法搞定真实的问题,病人都不是按照书来生病的。真实世界的专家,在解决问题的时候可能有另外一套做法。当项目化学习进行到这一步的时候,它就不仅仅是学生的挑战,也是教师的挑战。

虽然七条黄金标准一条不缺地放在教师面前,我们并不建议教师一口气全部掌握。而是有规划、有步骤地实施。PBL Works 的文章*也强调了这一点,也是推荐教师以"调光开关"的形式来规划自己的项目化学习实施。项目化学习的黄金标准,不是只有"全开"和"全关"两个状态的开关。不是每个学习内容都有"项目化"的价值,在真正值得"项目化"的学习内容上,教师使用的黄金标准的设计要素越多,项目化学习的体验就越"明亮";而在缺少项目化价值的内容上,也能贯穿某些黄金标准,对于真正实现学生培养目标(如创造性解决问题)是一种必要的规划。

---

① 蒂姆·费里斯(Tim Ferriss). 巨人的方法 [M]. 王晋, 译. 北京: 中信出版集团, 2021.

3.3 无情境：小马用大牛的方法过河

这个问题最直接的反映，就是教师学习项目化学习案例的方式。

往往刚刚接触项目化学习的时候，教师很喜欢说自己想要看案例。这就像是我们"读"《红楼梦》可以培养我们的"阅读能力"，但是"读"《红楼梦》能不能培养我们的"写作能力"，这可就不一定了。而且，作为立志要学会"写"小说的人来说，一开始就对着《红楼梦》去模仿，真是练习"写作能力"的好方法吗？这似乎也不好说。这种错位的问题，就像是我们小时候听过的小马过河的故事里，小马用大牛的方法过河。当脱离了自己的具体情境以后，就没有办法让自己的能力累积起来。

当然也许有教师会反驳说，都说"熟读唐诗三百首，不会吟诗也会吟"，为什么就不能用看案例的方式来学习项目化学习呢？更深的原因就是，项目化学习的设计能力和实施能力提升的方法是不同的，大家从本书最后两章体例的区别上就能看出来。在全球范围内，很多时候某个项目化学习案例能被大家看到，大多数情况下都表明它真实地被实施过，也就是说我们能读到的项目化学习案例设计都是与教师的实施能力相匹配的。这就是当前全球项目化学习案例越来越多，但是教师依然很难找到适合自己的案例的原因。

拿到一个案例，我们最需要的问题是，它究竟是来自于一个把项目化学习当成"零食"的学校，还是把项目化学习当成"正餐"的学校。教师或许觉得，"零食"还是"正餐"都没有关系，因为可能在我们自己的学校，目前也是暂时只把项目化学习当成"零食"。但是，教师千万别忘了那句古语："欲得其中，必求其上；欲得其上，必求上上。"哪怕是暂时只能把项目化学习当成"零食"，对于真正想要学习项目化学习的教师，也需要先分辨案例的特征。

PBL Works 网站的文章*为我们提供了一连串的问题，有助于我们真正理解如何看待项目化学习案例，甚至是去项目化学习学校参观，这里用列表的形式整理出来，见表 3-1。

表 3-1 分析项目化学习案例时的重点关注问题

只看案例	范围	（1）看起来学校对项目化学习是认真的，还是因为他们知道它很时髦而口头上说些什么 （2）项目化学习是否适用所有科目和年级水平，还是仅在某些教室、创客空间和天才时间、职业/技术课程等使用 （3）所有学生都可以使用项目化学习吗，还是只针对有天赋的学生或参加特殊课程的学生 （4）学生每年参与多少项目（如果只有一个，请参阅上面关于"口头上说些什么"的问题。如果只有两个，请弄清楚是否有正式且商定的扩大项目化学习使用的计划）
	质量	（1）项目是否被视为教授重要内容和技能的"主课"，还是"甜点"或"配菜"作业 （2）项目是严谨的还是仅止于"有趣"，项目是否至少在一定程度上反映了黄金标准项目化学习的特征 （3）教育技术如何融入项目 （4）项目是真实的吗，学生是否解决现实世界的问题并与现实世界的专家、当地社区和外部组织建立联系

	（续）
可以访校	（1）与学生和教师，也许还有家长交谈，而不仅仅是学校管理层 （2）询问项目的具体例子，并要求查看学生工作的样本 （3）在校园里走走，参观教室，感受一下这里的文化，感觉和传统学校有什么不同吗，有没有你能感觉到的能量，学生的项目工作是否展示在墙上，或者是否有其他明显的迹象表明健康的项目化学习文化得到了推广 （4）学校领导和教育行政部门是否为项目化学习的蓬勃发展创造了条件，例如为教师提供充足的资源和协作计划时间、更长的课程时间或灵活的项目时间，以及对项目化学习友好的学生评估和评价方法，或者教师是否觉得在使用项目化学习的方式上还有很多障碍 （5）为教师提供了多少和什么样的专业发展，谁提供专业发展，它是否高质量，是否有项目化学习的共享模型，或者教师是否以他们想要的任何方式设计项目（这可能很好，但也可能导致质量参差不齐） （6）教师和学校如何应对项目化学习的一些挑战，例如团队合作、评估和评分以及缺乏动力的学生 （7）使用什么教育技术来支持项目化学习的使用（例如，教师是否使用共享的在线系统来管理项目） （8）家长如何参与项目（而不仅仅是学生演示的观众） （9）学校是否与当地社区和外部组织建立合作伙伴关系，作为教师和学生的项目资源

读完这一连串的问题，教师可能会意识到项目化学习案例解读的难度所在。拿到案例，如果不先问这一串问题，教师很可能发现自己是把案例的"灯泡"拆了回来，但是没把支持"灯泡"工作的"电网"拆回来。这个问题，在进入我们最后一个误区即"评价"的时候，反映得更加明显。

3.4　无评价：只顾摸石头却忘记过河

做项目化学习的目的，是培养学生的迁移能力和创造性解决问题的能力，那么做了项目化学习，学生的能力是否有增长呢？如果回答不了这个问题，那就不是好的项目化学习。不能评价的项目化学习，就像是只顾着摸石头，却忘记了过河。

但是也许教师会说，如果再读一遍项目化学习的黄金标准，七个设计要素：驱动问题、持续探究、真实性、学生声音和选择、反思、批评和修正、公开作品，也没有一个和"评价"相关，这是为什么呢？

其实答案藏在我们前面"无情境"部分的问题清单里。在可以访校的情况下第四个问题："学校领导和教育行政部门是否为项目化学习的蓬勃发展创造了条件，例如为教师提供充足的资源和协作计划时间、更长的课程时间或灵活的项目时间，以及对项目化学习友好的学生评估和评价方法？或者教师是否觉得在使用项目化学习的方式上还有很多障碍？"因为美国的教育行政逻辑和我国不太一样，评价这件事情，往往需要问学校和学校所在区域的教育行政部门。项目化学习黄金标准在一定程度上把评价这个问题当成了"默认设置"。

这种"默认设置"在学习其他国家（尤其是美国）的相关资料的时候，尤其需要注意。比如我们在素养教育当中都会提到《追求理解的教学设计》这本书，它反复强调了"逆向设计、评价先行",①可为什么它就不教我们做评价呢?因为在美国,如何做好评价,本身就有更加专业的机构来做支持。这就像是一个外国朋友问你:"你在中国开餐馆,但是没有自己的送餐小哥,你是如何把东西配送给千家万户的啊?"道理是一模一样的。所以,判断自己是否看懂了项目化学习的落地方法,就是要看是否弄明白了评价。

于是,你只能告诉这个"能问出上述问题"的外国朋友:"是的,在你的国家,你确实要有自己的送餐小哥,才能把东西配送给千家万户"。这也是我们前面说的,不能只把项目化学习案例这个"灯泡"拆回来,一定要把支持"灯泡"工作的"电网"拆回来的原因。

忽视了这个藏得最深却也最重要的"情境",就导致了目前我们的项目化学习"无评价"的问题。这对于项目化学习在我国的可持续发展是非常不利的。这也是本书的重点为什么一定要聚焦在"可评价"的项目化学习的原因。

3.5 本章小结

如果说前一章是从"知"的角度来理解项目化学习的本质的话,那么本章就是从"行"的角度来理解项目化学习的本质,从而区分对于项目化学习的貌似理解和真正理解。

"失败了":使用了"事前诸葛亮"的方法,从国外在落地项目化学习的过程中出现的"失败了"的走样情况,去思考项目化学习从本质上究竟和原有的教学有哪些不同。通过"零食"项目化学习和"正餐"项目化学习这一对比,洞察到那些"明知项目化学习有标准还不得不违反"的背后,其实是教师对于项目化学习是否真的能够"不负素养不负分"的顾虑。

"无规划":在面对项目化学习的黄金标准时,我们如何避免把它当成"核验单",一口气全部堆砌起来,而是使用更加灵活的"调光开关"的形式,更有规划地、有步骤地实现日常教学和项目化学习的教学的过渡。

"无情境":聚焦在使用项目化学习案例的时候存在的问题,避免把案例的"灯泡"拆了回来,但是没把支持"灯泡"工作的"电网"拆回来的问题,需要教师从"零食"项目化学习和"正餐"项目化学习入手,带着问题去拆解案例。

"无评价":这是"无情境"问题的终极表现形式,不要问为什么黄金标准里没有强调评价,这就像是一个外国朋友问你:"你在中国开餐馆,但是没有自己的送餐小哥,你是如何把东西配送给千家万户的啊?"道理是一模一样的。判断是否真正理解项目化学习的方法,就是要看是否弄明白了评价。

---

① 格兰特·威金斯(Grant Wiggins),杰伊·麦克泰格(Jay McTighe).追求理解的教学设计[M].闫寒冰,宋雪莲,赖平,译.2版.上海:华东师范大学出版社,2016.

模块三
谁能做项目化学习（who）

CHAPTER 04
第四章 什么样的教师更容易做好项目化学习

 4.1 有好奇：永远好奇如何学以致用

在学校里，每个教师都有自己擅长的学科，但是，当我们说教师擅长某个学科的时候，往往并不是说这个教师是运用这个学科知识来解决"真实问题"的高手，这个工作岗位常常把教师限制成了用这个学科知识来解决"试卷问题"的高手。上海新优质学校研究所副所长沈祖芸说过："世界不是由学科组成的，而是围绕挑战组织起来的。"这也是在提醒教师，每个教师擅长的学科知识在真实世界运用的时候，是由某个挑战所驱动的。教师是不是对自己的学科知识会被如何使用永远好奇，这个问题直接关系到项目化学习设计的内容选择灵感究竟从哪里来。

如果说教师熟悉的备课流程要备学生、备教材、备教法的话，那么项目化学习备课就要增加一个备教师的环节。这里推荐四个小工具，帮助教师整理自己的"备教师"的思路。

4.1.1 工具1 意义学习

要想改变学生的学习，先要改变教师的学习。当教师自己对学习的体验和理解越丰富的时候，为学生设计的项目化学习也就越多彩。它根据 HTH（美国加州圣地亚哥 High Tech High 的简称）给探月内部项目化学习培训以及古典老师超级个体 AEIOUR 自我分析改编，目的是帮助教师看到对自己最有意义的学习是如何发生的，见表 4-1。

表 4-1 意义学习

第一步：请回忆，截至今天你学习到的最有意义的东西	
第二步：请依次回答以下 AEIOUR 六个问题	
A	活动（Activities）：你实际上在做一件什么事，是有组织还是无组织的活动，是否扮演团队领袖，还是只是参与者

（续）

	第二步：请依次回答以下 AEIOUR 六个问题
E	环境（Environments）：请留意自己当时身处何方，当时的场景是什么样的，那是什么样的地方，带来什么样的感觉
I	互动（Interactions）：是否存在需要解决的问题或冲突，当时互动的对象是人还是机器，正式还是非正式，陌生的还是熟悉的
O	物品（Objects）：此外，你是否和任何物品或装置互动——书籍、手机还是其他，是什么物品带来或者加强了投入的感觉
U	使用者（Users）：当你做这件事情的时候身旁有谁，身处什么组织内，他们带来正面还是负面的体验
R	原因（Reasons）：你为什么直到今天还记得它，有什么原因
	第三步：请概括出可以代表你的意义学习的五个词语

笔者用自己的经历来举例，见表 4-2。

表 4-2　意义学习（附带示范）

	第一步：请回忆，截至今天你学习到的最有意义的东西	
	口头笔头表达的区别以及真正的同伴学习	
	第二步：请依次回答以下 AEIOUR 六个问题	
A	活动（Activities）：你实际上在做一件什么事，是有组织还是无组织的活动，是否扮演团队领袖，还是只是参与者	得到大学（现在已经更名为得到高研院），是有组织的，我是参与者
E	环境（Environments）：请留意自己当时身处何方，当时的场景是什么样的，那是什么样的地方，带来什么样的感觉	是线上和线下融合的环境，线上是音频课程，线下是跨班级的打磨会和正式的班级挑战赛，带给我的感觉是最重要的产出是非常清晰的
I	互动（Interactions）：是否存在需要解决的问题或冲突，当时互动的对象是人还是机器，正式还是非正式，陌生的还是熟悉的	有，我要解决的问题是：如何给外行介绍你的行业？互动的对象是刚刚组成一个班级的来自各行各业的同学，以相对正式的 18 分钟演讲的形式介绍
O	物品（Objects）：此外，你是否和任何物品或装置互动——书籍、手机还是其他，是什么物品带来或者加强了投入的感觉	第一，每节音频课都是一个 18 分钟的范例，让我感觉有可以借鉴的东西，照葫芦画瓢可能不难；第二，同学之间互相赠送的小红花在线排行榜有即时反馈
U	使用者（Users）：当你做这件事情的时候，身旁有谁，身处什么组织内，他们带来正面还是负面的体验	没有所谓名师，只有班主任、打磨教练、来自各行各业的同学，虽然最后自己上台完成了 18 分钟演讲才算结束，但是最极致的体验来自于打磨会，尤其围观打磨教练给别人打磨的时候，我能带入打磨教练的角色，去理解打磨教练为什么要这样做
R	原因（Reasons）：你为什么直到今天还记得它，有什么原因	第一，自己真正去做，做好了，去不同的打磨教练那里获得不同的反馈，这让我真正理解了口头表达的特殊性，我原来以为口头表达和笔头表达相比没什么区别 第二，打磨的时候同学给的不同答案的不同启发，刷新了我的同伴学习体验
	第三步：请概括出可以代表你的意义学习的五个词语	
	产出明确、驱动问题、同伴反馈、高期待、挑战性	

第四章　什么样的教师更容易做好项目化学习

项目化学习课程的设计者也是设计师。项目化学习课程设计师的风格从何而来？这个梳理的过程，从回忆一段有意义的学习经历开始，最后提炼出的五个词语，往往就代表了教师自己的项目化学习设计风格。教师可以把自己经历过的自己认为有意义的学习，都用这个意义学习工具进行梳理，找到自己不同的风格，这样可以给自己的项目化学习设计带来更多的灵活性。如果发现很难回忆起来有意义的学习，或者概括出来的词语都非常雷同，用这些词语作为自己课程设计风格的话自己也不太满意，很可能意味着需要先为自己打开一段新的学习经历。

4.1.2　工具 2　乔哈里窗

它是心理学的一个工具，发明者是美国心理学家乔瑟夫·勒夫（Joseph Luft）与哈里·英格汉姆（Harry Ingham），它被认为是"描述人类互动最有意思的模型之一"。它用两个不同的角色，知道或者不知道，组成了四个象限，就像四个窗户。把它稍做改动，它就成了一个描述教学师生互动的有意思的工具，见表 4-3。

表 4-3　乔哈里窗

	教师知道	教师不知道
学生知道	1. 共识区	2. 教师的盲区
学生不知道	3. 学生的盲区	4. 共同的盲区
第一步：请回忆从"4. 共同的盲区"变成"1. 共识区"的教学经历，如果有若干，请都写下来		
第二步：请概括出这些教学经历的共同点，如果只有一个，也很好		

笔者用自己的经历来举例，见表 4-4。

表 4-4　乔哈里窗（附带示范）

	教师知道	教师不知道
学生知道	1. 共识区	2. 教师的盲区
学生不知道	3. 学生的盲区	4. 共同的盲区
第一步：请回忆从"4. 共同的盲区"变成"1. 共识区"的教学经历，如果有若干，请都写下来		

经历一：
在探月学院第一年，设计项目化学习课程的时候，我也把社会科学的经典书籍推荐给了学生。等学生阅读了这些书以后，我就会问学生要一些反馈。有一天，学生小夏和我说："我觉得这些理论好厉害啊，完全把我吸进去了，可是我也很难跳出来了，我更加想知道，它在实践中是如何应用的。"这句话让我立刻意识到：是啊！我的学生未来不一定都去研究历史学，但是一定会需要使用历史的思维方法。所以只认识这些"理论"的高手是不够的，学生还需要认识"实践"的高手。虽然作为教师，我很喜欢我的专业，我也已经有了我的社会角色分工，但是学生们还没有，学生们身上还有无限多的可能。所以，我要做的，不只是让学生和"学"好历史的人联系起来，更是让学生和"用"好历史的人联系起来。

第二年，这门课的推荐阅读书籍发生了很大的变化。我和学生开始一起找那些真正将历史"用"得好的人。我们发现，基辛格是一位"用"历史知识解决问题的高手。当然，这不是我们随便的判断，是有《高塔与广场》这本书里提供的一系列可视化数据支持的。然后，我们就决定去读基辛格写的《世界秩序》，看他拥有什么样的思维模式，他是如何思考世界秩序的变迁，对我们有什么样的启发。

（续）

第一步：请回忆从"4.共同的盲区"变成"1.共识区"的教学经历，如果有若干，请都写下来
经历二： 在探月学院我们讲先秦历史的时候，学生提到了初中语文课有一篇课文叫《扁鹊见蔡桓公》，就是成语"讳疾忌医"的故事。学生问了一个问题："我知道如果我是蔡桓公，要提醒自己不要讳疾忌医，不然后果很严重啊，但是我拦不住自己的脑洞，我就很想知道：如果我是扁鹊，真的想帮助蔡桓公，要怎么做呢？" 这已经不只是一个要不要治病的问题，而是一个人际沟通的问题。当时我很希望能有另外一个成语，能够提醒扁鹊，但是我并没有找到这个成语。后来，我们学到了"商鞅见秦孝公"的故事，才明白提建议其实是一种"特权"，要特别慎重地使用，它背后是一种叫"说服式沟通"的能力。然后在探月的学习体验中，我们就围绕这个"说服式沟通"问题做了深入探究：我们想知道在这个世界上，谁是解决"说服式沟通"问题的顶级专家。 我们想到了沟通不好会"要钱"的——商务法务谈判专家，也顺藤摸瓜找到了沟通不好会"要命"的——人质谈判专家。而当我们看到《掌控谈话》这本书里的故事，人质谈判专家让商务法务谈判专家败下阵来以后，我们就能确定真正的"说服式沟通"专家是谁。然后再来一起探讨，我们可以从这些专家身上学到些什么，接下来我们怎么做才能提高自己的能力。当学生发现，两位专家给出了截然相反的建议，人质谈判专家建议的方法——请从让对方说"no"开始沟通，商务谈判专家建议的方法——请从让对方说"yes"开始沟通，学生自己通过真实的沟通经历来验证，就能知道自己要如何做选择。
第二步：请概括出这些教学经历的共同点，如果只有一个，也很好
第一，都由学生提出的"不按套路出牌"的问题开启。 第二，都共同指向了我作为教师在"学以致用"方面的盲区。我自己是一名社科教师，在中学的课堂里，数学教师是最酷的，三下五除二就把一个真问题解决了，理科教师能做个实验，中英文教师能写文章、做个演讲，我这个社科教师能在课堂里做什么呢？真要说用自己的学科去解决真实问题，社科可能是最难在教室课堂这个空间里展现的。历史课和政治课，在教室课堂这个空间里还能怎么做项目化学习呢？正是这些互动经历，让我找到了"学以致用"这个问题的答案，也让我打开了项目化学习选题的宝库之门。

项目化学习课程的设计者也是设计师。设计师的工作本身并不是一件轻松的事情，对于任何课程设计师而言，也是在与学生一次又一次的互动中不断磨炼自己。如果放在教学的乔哈里窗来看，教学不是简单的在"教师知道而学生不知道"的"3.学生的盲区"的灌输，都说教学相长，也不局限于在"学生知道而教师不知道"的"2.教师的盲区"对学生的倾听，更难能可贵的是从"教师、学生都不知道"的"4.共同的盲区"生长出来的师生共同成长的契机，而项目化学习课程设计师，需要不断有意识地积累师生互动中"4.共同的盲区"这种最难能可贵的养分。

4.1.3 工具3 实干家名单

项目化学习在设计的时候，往往都需要真实世界的问题和真实世界的专家，这就需要教师有意识地积累相关的资源。随着对学生生涯规划问题的重视，学校也越来越重视专家资源、家长资源、校友资源，这些各行各业的实干家们很可能就是学生未来想要成为的人。那为什么作为教师个人，还需要做实干家名单呢？因为相比资源的丰富程度而言，教师理解实干家的程度，对教师项目化学习的设计更为重要。不然项目化学习设计就变成了比拼专家资源、家长资源、校友资源的问题了。

有一个最直接的例子,比如,语文教师设计了一个项目化学习,想用孩子给父母写信的方式来缓解青春期的亲子沟通问题,这个创意本身就很好;如果教师有实干家名单,便会知道真实世界的心理咨询专家的确会使用书信的方式来解决沟通困境,而且不只是一封孩子写给父母的信,而是两封信,还需要增加一封孩子以父母的口吻给自己的回信,两封信同时给父母,对于缓解沟通难题会更加有效。因为沟通问题解决的关键往往需要换位思考,这样的两封信比一封信更能确保换位思考的发生,这样的项目化学习的创意就会更加出彩。毕竟学校对接的资源往往不能够达到这样细致入微的程度,教师还是需要围绕自己的学科领域,主动地有意识地积累实干家名单。

当然,由于时间和空间的限制,教师未必有机会去面对面认识真正的行业实干家,建议可以充分利用互联网资源。在免费资源方面,推荐得到高研院的《实干家案例》,目前只推出了第一辑,在得到 APP 上是永久免费阅读的电子书。它从如何治理城市污水,到如何让公路边搭棚子卖菜变得更高效……把我国城市和乡村的实干家们最鲜活的经验都记录了下来。

教师可以尝试用表 4-5 整理自己的实干家名单。

表 4-5 实干家名单

我之前以为怎么做	我现在知道原来是这样做	是哪位实干家改变了我的看法

4.1.4 工具 4 问题清单

它的灵感来自于毛泽东青年时期所拟的《问题研究会章程》。1919 年,26 岁的毛泽东写下了《问题研究会章程》,提出当时我国需要研究的 71 项共计 144 个问题。[①] 对此,我国党史专家陈晋在《读毛泽东札记》中有一段评论:"毛泽东在青年时代关注的绝大部分问题,在今天已经不是'问题'。但他强烈的、充满忧患的'问题意识',却留给今人不少思索。比如,多一点'问题意识',或许就会多一些拥抱时代的热情和冲动,多一些理性思考和讨论的空间,多一些了解社会、贴近现实的可能,多一些投身实践去想办法解决问题的行动,自然也会多一些做出是非判断和理论辨析的客观依据。"[②] 这段评论的后半句与我们期待通过项目化学习实现的学生发展目标基本一致,要实现这样的发展目标,就建立在"问题意识"

---

① 陈晋. 青年毛泽东的"问题意识"[J]. 党的文献, 2008 (5): 84-86.

② 陈晋. 读毛泽东札记 [M]. 北京: 生活·读书·新知三联书店, 2009.

的基础上。

教师可以带着"问题意识"梳理自己的问题清单。如果不知道从哪里开始下笔,可以查看联合国的可持续发展议题,如图4-1所示。

图4-1 联合国可持续发展议题

联合国教科文组织甚至细致地梳理了在学校教育过程中,可以和可持续发展议题产生关联的内容和详细的学习目标[*]。

当然,这份问题清单不止写给自己看,也可以用来交换,就像当年公开发表的《问题研究会章程》一样。有人说:"如果你有一个苹果,我有一个苹果,彼此交换,我们每个人仍只有一个苹果;如果你有一种思想,我有一种思想,彼此交换,我们每个人就有了两种思想。"如果可以与身边的教师、学生交换各自的问题清单,也将会是非常精彩的创意碰撞。

到这里,四个工具就全部介绍完毕了。概括来说,这四个工具,可以帮助教师把设计项目化学习的过程变得更自如:

"前",意义学习让我们知道我们从哪里来;

"后",问题清单让我们知道我们到哪里去;

"左",乔哈里窗连接着我们和学生;

"右",实干家名单连接着我们和真实世界的专家。

有了这样"前后左右"的梳理,教师会更容易做好项目化学习设计。本书编者秦亮还搜集整理了一个项目化学习的工具箱,大家可以关注微信公众号"项目式学习",获取更多实用的项目化学习工具。

4.2 换角色:做菩提祖师还是做唐僧

菩提祖师和唐僧,都是教师,哪个是你自己作为教师更希望成为的类型呢?如果我们站在徒弟孙悟空的角度来看,会觉得菩提祖师这个师傅更厉害,毕竟教了自己好多本事嘛,而唐僧这个师傅除了念经简直是什么也不会,还动不动就念紧箍咒。那为什么菩提祖师最后教不了孙悟空这个徒弟了呢?因为菩提祖师用的是传统教学,而唐僧用的是项目化学习。

如果我们从项目化学习的角度来看,唐僧这个师傅才是更好的项目化学习教师。如果说哪位教师更容易做成项目化学习,唐僧这个"没本事"的教师,可能比菩提祖师这个"有本事"的教师更容易做成项目化学习。这里面究竟藏着什么秘密呢?

4.2.1 教练角色

讨论项目化学习教学实施的书籍,都会提到教练这个角色。教师这个角色我们熟悉,教练这个角色,究竟是什么意思呢?

教练的英文 coach 我们都不陌生,这个词在我国,恐怕最让人意外的地方,是出现在高铁车厢二等座外观的英文 second class coach 中。

这就不得不说到 coach 这个词的来源了。我们用《潜力量:GROW 教练模型帮你激发潜能》这本书,来提供一个理解教练的视角:教练 coach 一词还有个意思是长途马车,"这个概念来源于 15 世纪的欧洲,那个时候 coach 一词被用来形容一种把有地位的人从所在地拉到目的地的马车",慢慢地,教练就演变成了那个赶着马车带人出去看世界的车夫。就算坐车的人又任性又讨厌,教练也依然要有一份敬畏,但他也绝对不是简单地提供服务,"对教练来说,一定要进入执行者的世界,从他的角度来看待问题。如果教练发现执行者的视角过于局限,那么他还要帮助执行者拓宽视野"。○

那么怎么样才能进入执行者也就是乘车人的世界呢?在《潜力量:GROW 教练模型帮你激发潜能》中,作者对比了"由外到内"和"由内到外"的两条工作路径,见表4-6。

表 4-6 "由外到内"与"由内到外"方法的比较

由外到内	由内到外
主要给予建议(分享知识)	主要在提问、引导、消除干扰
评判(好坏、对错等)	没有评判(好坏、对错等)
责任在教练	责任在执行者
专注在教练认为应该发生的事情上	专注在实际发生的事情上

○ 艾伦·范恩(Alan Fine),丽贝卡·梅里尔(Rebecca R. Merrill). 潜力量:GROW 教练模型帮你激发潜能 [M]. 王明伟,译. 北京:机械工业出版社,2015.

（续）

由外到内	由内到外
开头的沟通会花很少的时间	开头的沟通会多花些时间
教练必须是相关主题的专家	教练不一定是相关主题的专家
容易阻碍创意	容易鼓励创意

《潜力量：GROW教练模型帮你激发潜能》中非常确定，教练必须选择由内到外，这就好比是鸡蛋，从内到外破壳而出的是小鸡，从外到内破壳而出的就只能是蛋液了。当然，这条路径的选择也是迫不得已，因为另外那条由外到内的路径所需要的四个条件太难同时达到了。这四个条件分别是：第一，教练给执行者的建议是对的；第二，教练能够用一种让执行者感兴趣的方式来给出指导建议；第三，执行者对教练的指导感兴趣，而且希望得到教练的指导；第四，执行者有足够的经验去运用教练的指导。这简直就是《功夫熊猫》里拿筷子夹着小笼包的师傅和熊猫阿宝，完全可遇而不可求。因此，在真实的教练情境中，往往建议教练选择由内到外的工作路径。

选定了由内到外的路径以后，确保排除干扰就成了教练工作的基础。这里主要任务包括：第一，找出表现三要素（信念、专注、热情）被阻碍的原因；第二，帮助执行者找出他们应该关注的方面以克服这些阻碍；第三，帮助执行者找到可行的行动方案，并完全投入去做。总体来说，在这个过程中，教练不只是排除干扰，也是在训练专注，教练消除的干扰项越多，执行者学习得就越快。这本书最特别的地方，就是为我们转换了从教师到教练的思维模式，如果用公式表示这种转换，就是从"表现＝能力＋知识"到"表现＝能力－干扰"的变化。这种从教师到教练的转换，也是与项目化学习的本质——"摸着石头过河"相匹配的。对于想要成为教练的教师，最关键的就是，公式非常直观地告诉我们，一定要抑制住自己传授知识的冲动，转而更多地去观察究竟是什么因素干扰了学生的表现。

4.2.2 更多角色

当然，细心的教师可能会说，如果按照教练的工作路径来看，唐僧也不符合教练这个角色呀？是的，唐僧做到了克制自己传授知识的冲动，但是并没有主动去排除孙悟空表现不好的干扰，只是用紧箍咒约束了孙悟空不好的表现。要真正理解唐僧的角色，我们可以借助教练角色的九种选择图看到更加灵活的角色选择，如图4-2所示。*

	梦想家 "这是你也可以达到的未来。"启发人心的领导分享关于明天的想法和故事	教练 "你做得很好，你认为下次可以做得更好吗？"	伙伴 "我们一起做，并相互学习。"
对客户的成长负责	引导者 "你来做，我来引导过程。"	教师 "这里有一些原理和方法可以用来解决此类问题。"	导师 "我来做，你参与其中，从中学习。"
	思考的观察者 "你来做吧，我会观察并告诉你我的所见所闻。"	顾问 "我会随着你的进展回答你的问题。"	动手专家 "我会为你做，我会告诉你这么做。"

对客户的结果负责

图 4-2　选择教练的立场

为了便于教师理解，可以把这张图的横纵坐标所说的"客户"理解成"学生"。横轴代表对学生取得的结果负责，纵轴代表对学生收获的成长负责。我们最熟悉的教师的角色位于最中间。

具体到唐僧的角色选择来看，一方面，唐僧的确实现了孙悟空的成长，另一方面，唐僧是取经队伍里对于结果最坚定的那个人。由此可以推断，唐僧这个时候是扮演了"伙伴"的角色，这也是广义的教练角色当中的一种。

图 4-2 的名字叫作"选择教练的立场"，这九种角色都可以叫作教练。就像左下角的提示信息所指出的，需要明确具体的期望，在适当的时候采取适当的角色立场。由于项目化学习更期待学生的成长，所以最下面一列的三个角色（思考的观察者、顾问、动手专家）都不适合，剩下的除了教师角色本身，还有五个角色可以根据情况灵活选择。

4.3　提能力：循序渐进，慢慢来比较快

"有好奇"让教师更容易做好项目化学习的设计；"换角色"让教师更容易做好项目化学习的实施；而"提能力"就是要帮助教师看清楚并做好项目化学习的基本功，也就是人们经常说的"慢慢来比较快"。需要时间积累的能力究竟有哪些？这是在全球项目化学习各种工具模板成形以后无法回避的问题。这就像是，就算我们知道怎么攀登珠穆朗玛峰，买齐了所有装备，路线都标记清楚，还是不能登上珠穆朗玛峰，因为这件事情考验的是我们的"体能"，这是一个需要刻意练习才能提升的能力。

4.3.1　七必备

项目化学习需要教师具有独特的能力。2016年《PBL项目学习:项目设计及辅导指南》作者美国PBL研究专家汤姆·马卡姆（Thom Markham）就提出了，与普通教师相比，项目化学习教师更加需要的七个必备能力[*]：①理解世界级的PBL教学法的能力；②创造关怀的班级文化的能力；③从教师变为教练的能力；④使用人员管理工具的能力；⑤让团队合作富有成效的能力；⑥知道如何教授和评估21世纪能力（21世纪能力也就是批判性思维与问题解决、沟通、合作、创新与创造能力）的能力；⑦重视反思与迭代的能力。

对于这七个必备能力，可能每个人都会有不同的解读。汤姆·马卡姆注重如何通过这七个必备能力对应的项目化学习相关内容，从三个角度对教师的能力提出要求：

第一个角度，项目化学习是一个由教师的知识驱动的"教学过程"；第二个角度，项目化学习是一个由教师的管理能力支撑的"引导过程"；第三个角度，项目化学习是一个由师生的开放沟通搭建的"互动过程"。结合汤姆·马卡姆的三个角度和七个必备能力，我们可以找出以下的关联：

作为"互动过程"的项目化学习所需要的教师能力，比如能力②、⑦，更接近人们对于传统教师的印象，也就是说，如果在传统教学中教师本身具备这些能力，那么对使用项目化学习教学会更有帮助。

作为"引导过程"的项目化学习所需要的教师能力，比如能力③、④、⑤，看上去都已经超出了人们对传统教师的印象，更加接近企业里的中层管理者的能力。这就是前面"换角色"重点讨论的内容。

作为"教学过程"的项目化学习所需要的教师能力，比如能力①、⑥，都需要教师具备更丰富的关于项目化学习、关于评价的新知识。关于项目化学习的新知识，已经在第二章进行了阐述；接下来将对评价的新知识进行重点介绍。

4.3.2　一新知

如何评价学生的批判性思维与问题解决、沟通、合作、创新与创造能力？在项目化学习里让教师最头大的事情就是"评东西不等于评能力，评集体不等于评个体"，道理都明白，但是就是不知道怎么做。

能力评估，教师需要使用到"量规"这样的工具。因为批判性思维与问题解决、沟通、合作、创新与创造能力，并不是"学而即得"的，就像语文阅读能力与写作能力，并不是"学"一次就能完全掌握的；因此，需要有一把可以反复使用的"尺子"，来帮助学生更好

[一] 汤姆·马卡姆（Thom Marham）. PBL项目学习：项目设计及辅导指南[M]. 董艳, 译. 北京：光明日报出版社, 2015.

地进行练习,这就是"量规"——量规是一种工具,是用来反映学生距离能力目标还有多远的工具。

推荐教师使用在《深度学习:超越21世纪技能》里面提到的远景学校(Envision School)的全套全年龄段量规。

◇批判性思维与问题解决*。

◇沟通*。

◇合作*。

◇创新与创造*。

远景学校是在评估方面做得非常有特色的学校,更详细的介绍可以通过《变革学校:项目式学习、表现性评价和共同核心标准》①这本书了解。我们通过远景学校每个文件的"说明",就能看到让教师学会评估的秘密所在。

如果只看量规,它是一个正正方方的样子。量规的横向,是四个不同的水平,除了"水平1、水平2、水平3、水平4"这种叫法,还有字面意思的"新手(Novice)、基础(Basic)、熟练(Proficient)、高级(Advanced)"这种叫法,是不是特别像是小学徒学技术的味道?这种叫法恰恰就是在提醒教师,能力的养成不可能一步登天,熟练(Proficient)是大多数人通过刻意练习都可以达到的水平。理解了这一点,对于帮助学生设定切合实际的能力成长目标是非常重要的。而且说明中还特地指出,"新手"和"基础"虽然都是没有达到预期目标,但是还是要有本质区别的。"新手"对能力存在着明显的误解,需要教师额外的支持。于是就出现了教师用好量规这个工具最关键的地方,那就是——能力也有重难点。相当于它帮助教师把学生在能力发展过程中常见的误解都标注好了,而且用什么样的问题去推动学生的思考,这些问题清单也都准备好了,作为教师,立刻就有了一种站在巨人肩膀上的感觉,这也是推荐这套工具而不是其他工具的原因。

量规的纵向,是组成能力的若干子领域。这些子领域实际上是一系列动词,在排列顺序上也按照发生的时间先后排列,这对于教师设计教学环节的帮助是很大的。我们可以把能力的达成想象成由若干动作组成的舞蹈:分解动作的准确练习是不可缺少的部分,特别是学生不太擅长的动作,需要强化练习;与此同时,动作与动作之间的连接也是学会一支舞蹈的重要标志,所以通过最后的反思,让学生回顾这一系列的动作,也成为评估学生能力的关键环节。抓住这些动词,我们就会发现,其实这套工具的用途非常多,比如我们的高中研究性学习,根据教育部2001年印发的《普通高中"研究性学习"实施指南(试行)》,要达成的能力有三种:

(1)**发现问题和解决问题的能力**:研究性学习通常围绕一个需要解决的实际问题展开。

---

① 鲍勃·伦兹(Bob Lenz),贾斯汀·威尔士(Justin Wells),莎莉·金斯敦(Sally Kingston).变革学校:项目式学习、表现性评价和共同核心标准[M].周文叶,盛慧晓,译.长沙:湖南教育出版社,2020.

在学习的过程中，通过引导和鼓励学生自主地发现和提出问题，设计解决问题的方案，收集和分析资料，调查研究，得出结论并进行成果交流活动，引导学生应用已有的知识与经验，学习和掌握一些科学的研究方法，培养发现问题和解决问题的能力。

（2）**收集、分析和利用信息的能力**：研究性学习是一个开放的学习过程。在学习中，培养学生围绕研究主题主动收集、加工处理和利用信息的能力是非常重要的。通过研究性学习，要帮助学生学会利用多种有效手段、通过多种途径获取信息，学会整理与归纳信息，学会判断和识别信息的价值，并恰当地利用信息，以培养收集、分析和利用信息的能力。

（3）**分享与合作：合作的意识和能力**：是现代人所应具备的基本素质。研究性学习的开展将努力创设有利于人际沟通与合作的教育环境，使学生学会交流和分享研究的信息、创意及成果，发展乐于合作的团队精神。

用动词来对应的话，就不难发现，作为研究性学习的具体目标，这三种能力可以使用高中阶段的批判性思维与问题解决、合作这两套量规来进行评估。也恰恰因为量规将能力拆解成了这些动词，确保了量规的通用性。这也解决了前面所说的"评东西不等于评能力"的问题，无论学生做出来的东西是海报、论文、模型，还是视频，等等，并不是直接去评东西的实用程度或者美观程度，而是找到学生做出这样东西的过程中必不可少的"动词"，以此进行评估。

那剩下的"评集体不等于评个体"的问题怎么解决呢？

探月项目化学习的教师根据合作能力量规，集体研发了学生合作能力证据模板，把合作提炼成了"我们（we）+ 我（me）+ 彼此（us）"三个维度，与合作能力量规的子领域完全对应。证据模板在量规子领域的基础上，帮助学生更整体地理解合作，避免了"只见树木不见森林"。任何的探月项目化学习，学生完成集体产出的同时，还需要使用这套合作能力证据模板，自主收集足够的证据，证明自己的合作能力。甚至到了未来真实的工作中，"我们（we）+ 我（me）+ 彼此（us）"这三个维度，也可以用来做自己的工作反思，这就是所有人最期待看到的学生合作能力的迁移，更多内容请参考本书6.3.6节的相关内容。

因为篇幅所限，对于项目化学习中的评价仅围绕项目化学习常见的"评东西不等于评能力、评集体不等于评个体"的问题，从必不可少的工具"量规"着手，做了简要的介绍。如果想要对评价有更完整的理解，推荐阅读密歇根评估联盟（MAC）给所有教师准备的评估手册，关于评价，它从态度、知识、技能三个维度进行了梳理，不是局限在项目化学习，而是为教师描绘了评价这件事情最完整的样子。

4.3.3 三步走

在使用项目化学习进行教学的过程中，真正考验教师的，不是知识，而是能力。这是一个需要刻意练习才能提升的能力。

这里推荐一个循序渐进提升能力的"三步走"方法。它不是对某一个能力的不同水平

第四章　什么样的教师更容易做好项目化学习

的划分，而是对教师需要依托于哪些能力才能真正掌握项目化学习教学进行了梳理。这个"三步走"，来自于美国州际新教师评价与支持联盟（INTASC）提供的学习进阶，它以培养学生的"学以致用"作为目标，从教学策略的角度，对教师的能力提出了循序渐进的建议，见表4-7。*

表 4-7　教师教学策略能力学习进阶

阶段	内容
第一阶段	● 教师帮助学生使用包括技术在内的各种资源和工具，来获取与教学目标相关的信息 ● 教师帮助学生学会评估信息来源的可信度，并以一种对于真实的受众来说明确的方式组织信息 ● 教师提出问题，引导学生思考内容领域的信息和概念，以及学生应用批判性思维技能，如推理、比较和对比 ● 教师通过使用非语言表征、概念图和写作等形式让学生展示并表达自己对内容区域概念的理解，并且布置作业让学生练习 ● 教师发展学生的能力，使学生能够在小组和大组的环境中参与互相尊重、有建设性的讨论 ● 教师建立规范，包括深思熟虑的倾听，建立在彼此的想法之上有建设性的讨论，以及质疑以求澄清
第二阶段	● 教师让学生使用学习技能（如批判性和创造性的思维技能、研究技能、管理目标和时间的技能）和技术工具来获取、解释和应用知识，以促进学生对学习目标的理解 ● 教师培养学生提出问题的能力，这些问题可以指导个人和小组探索概念及其应用，鼓励学生使用多种方式来解释一个概念或执行一个与教学目标相关的过程 ● 教师示范与内容相关的高阶提问技能（例如生成假设，采取多角度，使用元认知过程），并让学习者参与发展这些技能的活动 ● 教师扩展学习者能力，使用小组讨论互相学习，提升解释技能，实现观点分析，建立基于内容的链接
第三阶段	● 教师让学生参与合作工作，以生成、综合和交流对特定受众有用的信息 ● 教师与学生合作，创造学习机会，让学生提出问题，并设计解决问题的方法 ● 教师让学生将多个内容领域的概念应用到实际问题、社区需求和/或服务学习中

从表4-7中我们不难看出，第三阶段已经具备项目化学习的特征了；而它的实现，与教师在第一阶段和第二阶段的基本功是密切相关的。它主要围绕信息能力、提问能力、表征能力、合作讨论引导能力这四种能力循序渐进地展开。

如果结合我们在前面推荐的量规就会发现，信息能力、提问能力、表征能力，就是批判性思维能力量规子领域的完整构成。所以教师也不妨使用高中的批判性思维量规，来帮助自己进行更好的练习。其中，特别值得一提的是信息能力，它在我们学习项目化学习的过程中发挥着至关重要的作用。在具体练习的过程中，推荐阅读《搜索的喜悦》（*The Joy of Search: A Google Insider's Guide to Going Beyond the Basics*），它的作者是谷歌公司负责搜索质量和用户体验的研究者丹尼尔·M. 罗素（Daniel M. Russell），该书暂时没有中文版，在某些 App 有万维钢博士的解读。

关于学生的合作学习能力，推荐使用 LCI（美国国际语言咨询学校）提供的学习进阶，见表4-8，它有助于教师在进入项目化学习之前，以更灵活的合作讨论的形式来支持学生能力的发展。*

表 4-8　学生合作学习

	第 1 步	第 2 步	第 3 步	第 4 步	第 5 步
第一阶段 合作的语言	参与**同伴**讨论和**小组**讨论	参与**同伴**讨论和**小组**讨论	参与**小组**讨论和**大组**讨论	**投入**一系列的合作性讨论	**投入**一系列的合作性讨论
	在有**提示或提醒**的时候，倾听并轮流发言	倾听，并轮流发言	**留意**倾听，并轮流发言	**积极**倾听，并轮流发言	**积极**倾听，并能**解释**他人的想法
	通过**多次交流**，让对话继续	以他人的**发言**为基础，**多次交流**，**回应评论**	以他人的**发言**为基础，把自己的评论和他人的意见**联系**起来	以他人的**观点**为基础，**清晰**地表达自己的观点	以他人的**观点**为基础，**清晰**地表达自己的观点
	通过提出问题，来澄清**疑惑**	通过提出问题，来澄清**疑惑**	通过提出问题，来澄清并获得**进一步的解释**	通过提出问题，来反馈自己的理解，**确保不跑题**，并将自己的评论与他人的意见联系起来	通过**提出并回答具体**问题，来澄清或跟进信息，或反馈他人的意见
第二阶段 合作的格局	—	明白什么是观点	明白什么是观点	承认存在其他**视角**	承认存在其他**合理的**视角
	表达自己的观点	表达自己的观点；当别人表达时，**听取**别人的观点	表达自己的观点，并能**区分其他观点**；**询问**别人的观点	要么因为别人的观点牺牲自己的视角，要么固执于自己的**视角**	要么因为别人的观点牺牲自己的视角，要么固执于自己的**视角和信念**
第三阶段 合作的任务	和同伴一起工作，大部分时间都在**做自己的工作**	与他人**一起**学习**或**完成任务或项目	与他人**一起**学习**并**完成任务或项目	与他人**一起**学习、设定目标、制订计划、完成任务或项目	与他人**一起**学习、设定目标、制订计划、完成任务或项目
	—	—	—	—	能够**采纳**小组成员的不同**想法**
	共享资源，并在**有提示或提醒**的时候轮流使用资源	共享资源	在问题出现时，能够**依靠**教师的帮助**识别**问题	在问题出现时，能够**依靠**自己、他人和**教师**解决问题	在问题出现时，能够**依靠**自己和他人解决问题

第四章 什么样的教师更容易做好项目化学习

能力的学习进阶

第6步	第7步	第8步	第9步
投入一系列与不同的成员进行的合作性讨论	投入一系列与不同的成员进行的合作性讨论	发起并参与一系列不同目的、与不同成员进行的合作性讨论	发起并参与一系列不同目的、与不同成员进行的合作性讨论
积极倾听，解释和总结他人的想法	积极倾听，解释和总结他人的想法	积极倾听，解释和总结他人的想法，以及共识和分歧	积极倾听，并承认不同的视角，总结共识和分歧
以他人的观点为基础，清晰而具体地表达自己的观点，根据获得的新信息得出结论	以他人的观点为基础，清晰而具体地表达自己的观点，区分思想上的异同	以他人的观点为基础，清晰而有说服力地表达自己的观点，通过建立基于他人视角的新联系，来扩展自己的思维，根据其他视角，修正或证明自己的观点	以他人的观点为基础，清晰而有说服力地表达自己的观点，建立新联系，并在必要时，根据其他视角和推理，扩展或证明自己的观点和理解
通过提出并回答带有详细说明和细节的具体问题，来澄清、核实或详细说明他人的意见	通过提出的问题，来反馈若干发言者的想法，并回应他人的问题、与证据相关的评论、观察和想法	通过提出并回答将当前讨论与更广泛的主题或更多的想法联系起来的问题，来推动对话	通过提出并回答将当前讨论与更广泛的主题或更多的想法和新问题联系起来的问题，来推动对话
愿意倾听其他的视角和信念	使用其他视角来加深自己的理解	积极寻找其他视角，来获得洞察，并拓宽自己的视角	积极寻找其他视角，来获得洞察，并拓宽和挑战自己的视角
在形成自己的观点时，考虑其他视角	使用其他视角来反思和评估自己	保持自己的视角和信念，同时对变化保持灵活和开放的视角	使用其他视角来澄清、审视、迭代自己的视角
与他人合作学习、设定目标、制订计划、完成任务或项目	与他人合作学习、设定目标、制订计划、完成任务或项目	与他人合作学习、设定目标、制订计划、设定质量标准、完成任务或项目	与他人合作学习、设定目标、制订有策略的计划、设定质量标准、建立工作规范、完成任务或项目
能够融合小组成员的不同想法	能够评估小组成员的不同想法，并确定最佳的方法/想法来使用	能够评估小组成员的不同想法和优势，确定最佳的方法/想法，以最大限度地使用每个人的想法、发挥每个人的优势	能够评估小组成员的不同想法和优势，确定最佳的方法/想法，并策略性地工作，以最大限度地使用每个人的想法、发挥每个人的优势
能够自我评估进度，在问题出现时，合作解决问题	能够自我评估进度，在问题出现时，合作解决问题，根据需要调整过程	能够自我评估进度，在问题出现时，合作解决问题，根据需要调整过程，并重新审视基于学习的质量愿景	在合作过程中建立工作和进度的自我评估，不断调整和修改

4.4 本章小结

"有好奇"：为了让教师更容易做好项目化学习的设计，本章提供了四个工具：

"前"，意义学习让我们知道我们从哪里来；

"后"，问题清单让我们知道我们到哪里去；

"左"，乔哈里窗连接着我们和学生；

"右"，实干家名单连接着我们和真实世界的专家。

有了这样"前后左右"的梳理，教师会更容易做好项目化学习设计。

"换角色"：为了让教师更容易做好项目化学习的实施，我们帮助教师建立了一个坐标系，横轴代表对学生取得的结果负责，纵轴代表对学生收获的成长负责，抓住从"表现＝能力＋知识"到"表现＝能力－干扰"的变化核心，为教师提供了更加灵活的角色选择。

"提能力"：为了帮助教师看清楚做好项目化学习的基本功，我们引用了汤姆·马卡姆三个维度七种能力，并且对其中当前教师迫切需要的项目化学习评价知识，用量规作为突破口，围绕项目化学习常见的两个问题"评东西不等于评能力，评集体不等于评个体"进行了介绍，也借助 INTASC 的三步走的方法，为教师从日常教学过渡到项目化学习教学，提供了循序渐进练好基本功的方法。

CHAPTER 05

第五章　什么样的学校更容易做好项目化学习

 5.1　有目标：不会误把手段当作目的

也许读到这一章的时候，你一心想要跳过它。

你也许会想，我作为教师，自己好好学会项目化学习就好了呀！如果项目化学习是个"单机版"的教学策略，这样的想法没有任何问题。但是，如果项目化学习不是"单机版"而是"联机版"，需要学校集体努力的时候，什么样的学校更容易做好项目化学习，就成为一个不能回避的问题。

如果有一位特别擅长项目化学习的教师，将成为某所学校的正式教师进行项目化学习教学，这位教师会不会发现，具备某些"基础"要素的学校，会比别的学校更容易做成项目化学习呢？

在这里所说的有目标，是指学校有自己更校本化的、更具体、更有特色的学生培养目标。它对于学校做好项目化学习至关重要。如果没有上述学生培养目标，学校很容易变成只关注教师会不会做项目化学习，而忘记了其实教师会做项目化学习并不是目的，教师能够用项目化学习去支持学生培养目标的达成，才是真正的目的。学校是要通过项目化学习去看见，非常在意的学生培养目标（比如创新能力）真正地在学生身上实现了。项目化学习在有学生培养目标的学校更不容易被弄错、误把手段当目的。

2021年12月教育部印发《普通高中学校办学质量评价指南》，已经是在以直接的方式表达特色办学的特色究竟是如何实现的，即："将办学理念和特色发展目标融入学校管理、课程建设、学生发展、教师发展和校园文化建设等方面，努力办出学校特色。"⊖ 这样一来，学生发展、课程建设、教师发展三者之间就需要密切联动。从教师能力理解项目化学习和从课程形式理解项目化学习，都不如从学生能力目标是否达成来理解项目化学习。

⊖ 教育部. 教育部关于印发《普通高中学校办学质量评价指南》的通知[EB].（2021-12-31）. http://www.gov.cn/zhengce/zhengceku/2022-01/10/content_5667444.htm.

以创造力的培养为例,《普通高中学校办学质量评价指标》已经在学生发展维度明确提出了"具有创新精神,注重知行合一、学以致用,有信息收集整合、综合分析运用能力,有自主探究和发现问题、提出问题、解决问题的意识与能力"的考查要点。[一]如果学校以学生的创造力作为校本的学生培养目标,那就需要教师能够具备培养学生创造力的能力,这个时候项目化学习才会成为我们实现学生培养目标的重要手段。

相应地,学校也需要围绕创造力来设计自己的课程体系,也就是前面说的课程画像。我们还是以培养学生的创造力为例子,什么样的课程体系更容易培养学生的创造力呢?不是让学生去上若干门创造力课程,而是让课程体系符合有创造力的人才的成长规律。北京师范大学教授林崇德在《创造性心理学》一书中提到:"通过对我国科学创造人才资料的分析可以看出,科学创造人才的发展大致经历五个基本阶段:自我探索期、才华展露与专业定向期、集中训练期、创造期和创造后期。"[二]

其中的前两个时期,发生在18岁之前,是基础教育工作者在设计课程体系的时候需要重点关注的内容。林崇德教授是这样描述的:"①自我探索期:该阶段以当事人从事各种探索性活动为出现标志,以确定自己的兴趣以及在某一方面有突出表现为结束标志。该阶段对创造人才成长起作用的人主要是父母与小学教师,作用方式是创造宽松的探索和教育环境,使当事人能从事自己喜欢的活动,获得成功的乐趣。同时也帮助养成良好习惯,激发好奇心,奠定人生价值观的基础。②才华展露与专业定向期:经过前期的广泛探索,当事人逐渐将兴趣集中于探索某一方面。这可能是由于他发现这方面的学习能给他带来更多的快乐。愉悦的情感与对自己优势才能的发现共同促使当事人确立自己的主攻方向。"这样的描述,对于我们课程设计的启发是,有创造力的人才的成长,往往需要经历"探索"+"聚焦"这样两个看似矛盾的过程。如果课程体系能够兼容这样两个过程,那么才能真正实现学生创造力的培养。

这样的课程体系可以怎么设计呢?我们以林崇德教授的母校上海中学为例,2016年上海中学校长冯志刚在《研究型、创新型学校的课程体系建设》中展示了该校的课程图谱,如图5-1所示。

[一] 教育部. 教育部关于印发《普通高中学校办学质量评价指南》的通知[EB].（2021-12-31）. http://www.gov.cn/zhengce/zhengceku/2022-01/10/content_5667444.html.

[二] 林崇德. 创造性心理学[M]. 北京:北京师范大学出版社,2021.

第五章 什么样的学校更容易做好项目化学习

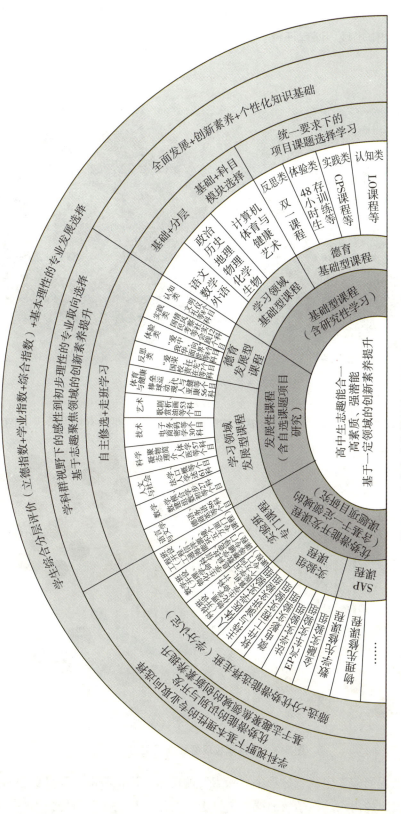

图 5-1 上海中学优势潜能课程图谱（2014 年）

再比如未来学校构建的课程场域图谱,以学习者画像为课程目标的核心,从课程类别、课程内容、课程实施场域、课程评价、课程实施策略等维度展示了未来学校课程构建图谱,如图5-2所示。

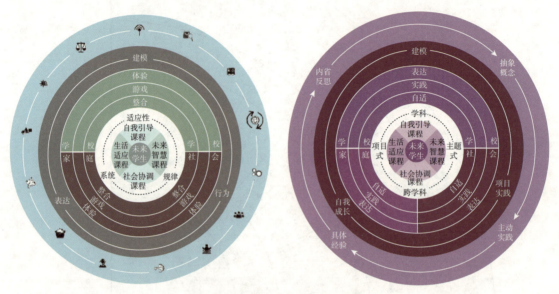

图5-2 未来学校课程场域图谱

同时,双螺旋的课程将小学段、初中段的国家课程、特色课程有机融合,如图5-3所示。

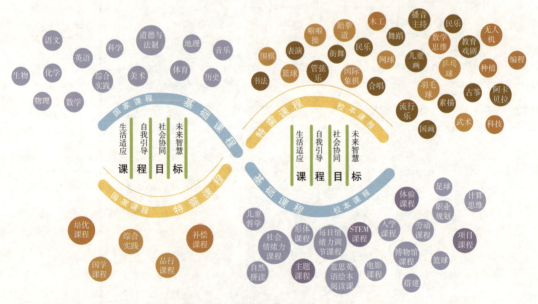

图5-3 未来学校双螺旋课程图谱

用发展型课程回应学生成长过程中"探索"的需求,用优势潜能开发课程回应学生成长过程中"聚焦"的需求。在学校的课程安排上,要用一样的课程位置,不一样的课程时长（大型、中型、小型、微型）来更灵活地回应对于"探索"和"聚焦"平衡比重需求不同的学生。在此基础上，学校持续跟踪毕业生的大学专业选择与学校课程体系的关联性，确保课程体系与有创造力的人才的成长规律持续对齐。对于上述这样具有完善课程体系的学校而言，项目化学习作为一种教学策略，所起到的作用是，可以让"内含"在课程体系里的学生培养目标更进一步地"外显"。

这就是如果要以创造力作为学校的校本培养目标，所需要经历的学生画像、教师画像、课程画像三者密切联动的例子。"没有目标的船，任何方向的风都是逆风"，这句话对于现在身处项目化学习这股风潮中的学校来说，尤其不能回避。

5.2　内整合：集体教研支持能力卡点

内整合，是指学校能够充分整合内部教师力量，在集体教研方面有良好基础，对于学校做好项目化学习的帮助是非常大的。这个视角的启发，来自于和北京师范大学教育创新研究院刘坚教授牵头的"卓越教师教学能力标准项目"。刘坚教授在项目启动会上用PISA（国际学生评估项目）的数据做了直接对比，问出了一个听起来特别扎心的问题，这个问题翻译成最通俗的表达就是：我们的教师如何能够做到成绩和解决问题的能力兼顾呢？

我们在 *Clever Lands*（《明智之地》，暂无中文版）中找到了答案。专家们带着类似的问题，扎扎实实做了调研。看看日本教师上课究竟做了啥？我们直接看书中给出的结论："在日本的课堂上，学生使用推理任务的频率明显要高。"而所谓推理任务也就是："解释想法背后的推理过程；使用表格、图表、图形来表征或者分析关系；解决无法一眼看穿答案的问题；和／或写出方程式来表示关系。"看到这里，可能细心的读者能联想到前面讨论教师能力的时候提到的教师如何做才能培养学生"学以致用"的能力，其中的确有重视"表征"的内容。

但是，要做到这件事情并不容易，听课的专家们也知道，自己看到的是台上一分钟，但是台下十年功，是什么在支持教师这样做呢？可能作为本书读者的教师已经猜到答案了，那就是教师的集体教研。根据 *Clever Lands* 中的描述："很多的时间都花在讨论课堂提出的问题上，任何细节都不放过。因为提出问题的好坏，直接关系到了学生学习的质量。好的问题可以让整个课程持续很长时间。比如数学教师举例子的时候，究竟是用23这个数字，还是24这个数字，都需要充分考虑。"看到这里，可能细心的读者又能联想到前面讨论教师能力的时候提到的教师如何做才能培养学生"学以致用"的能力，其中的确有重视"提问"的内容。

其实，教师能力成长的路径，放眼全球来看，都不是秘密。真正的难点，是在日常学校的教研活动中如何将它真正落地。我们各个学校都有集体教研，但是集体教研是不是在真正的关键点上发力就是问题的核心了，比如日本学校强调的教师的"表征能力"和"提问能力"。

这里给大家提供潍坊未来实验学校在集体教研中的一些做法供大家参考：

一是做好集体教研的时间管理。很多学校集体教研采用每周一次、每次一节课时间的方式进行。其实这样的集体教研往往停留在表面，一个主讲说一说，其他人简单附和或交流一下，一节课时间也就到了。对于一周众多需要研讨的教学内容而言，显然不能解决本质问题或核心问题。尤其对于新建校、年轻教师居多或者是像项目化学习这样新型课程来说，更是效用不大。潍坊未来实验学校采用了每日教研的方法，给予教师更多的集体研磨课程的时间，这样就能够让有效集体教研成为可能。

二是做到小切口、大纵深。每次集体教研选择的研讨问题不用太大，可以选择具体的问题做深入的研讨。比如前面提到的如何提问、如何做材料管理、如何组织小组交流、如何设计评价量规，等等。这样，切口小指向就会更明确，也更容易将教研引向深入，对教学的帮助就会更有效。

当然，项目化学习需要的教研环境和原来的学科教研环境又有所不同。和以前我们熟悉的师徒带教不同，项目化学习目前在国内还在初期，可能师徒学科就不能对应，这当然是个缺点，反过来可能也有优点，毕竟项目化学习是各个学科通用的教学策略。国外的项目化学习教研，正是基于"各个学科通用"的理念，加上可能谁都不知道更好的解决方案，没有所谓师傅和徒弟的固定角色，于是设计了一套"磨课协议"，这也是项目化学习教研最有意思的地方，它为教师之间的合作打开了一种全新的局面。

磨课协议的版本有很多，但也大同小异。比如，我们以下面这套 HTH 教师的项目化学习磨课协议为例[*]：

（学教评一体化课程设计）磨课协议

★ **规则**

（1）对内容要硬，对人要软；
（2）共享对话空间（或者"往高走一步，往后走一步"）；
（3）和善、助力、具体。

★ **步骤**（总时间约 50 分钟）

表 5-1　学教评一体化课程设计步骤

步骤	时间	做什么	问什么/讨论什么
概述	10 分钟	**陈述者**给出了课程设计的概述，并解释了他/她在设计课程时心里的目标。陈述者可能还会选择将课程设计放入情境中，这样**打磨者**就能理解它如何适应更大范畴和班级状况。**参与者**有机会了解陈述者的"作品"（包括学生任务书、教师教学指南、量规等等）。陈述者可以**通过一个问题，来分享自己的一个困境**，这个问题可以让打磨者在讨论的过程中更聚焦；如果没有困境，那么打磨将只聚焦在课程设计	**困境**是一个两难的选择，或者是一个始终存在的问题，在决定你的困境之前，请考虑以下问题： ● 这个问题是你已经想了很多次，但还是没有答案吗 ● 你有没有想过一个或多个解决方案，但在权衡利弊后仍然不知道如何选择 ● 这种困境是否与学教评一体化课程设计/学生作品密切相关

第五章　什么样的学校更容易做好项目化学习　　55

（续）

步骤	时间	做什么	问什么/讨论什么
澄清性问题	5分钟	打磨者会问陈述者<u>澄清性的问题</u>，澄清性的问题有简短的、事实性的答案，目的是帮助提出问题的人更深入地理解这个困境	● 学生会产出什么，从而让你有足够的证据了解学生的表现 ● 学生在这次课程中会遇到和使用哪些材料/资源 ● 什么脚手架策略或小型任务将帮助学生完成挑战任务
探索性问题	5分钟	打磨者会向陈述者提出探索性的问题，探索性的问题可以帮助陈述者扩展他/她对这个困境的思考，然而，探索性的问题不应该是"伪装的建议"，比如"你考虑过……吗？"	● 每个学生是如何通过最终产品来展示他们的理解的 ● 表现性结果如何反映任务的具体内容，以及如何加深对各学科内部或跨学科大概念的理解
讨论	15分钟	如果有必要，陈述者会重新提出问题，然后被实际地从讨论群体中脱离（比如转过身），小组讨论这个困境，并试图就陈述者提出的问题提供见解 ● 从暖反馈开始可能会有帮助 ● 然后，小组讨论冷反馈，其中包括对作品进行更加批判性的分析，利用陈述者提出的问题来构建讨论框架	暖反馈讨论： ● 这个项目设计的优势是什么 ● 在这个设计中，我们在哪里看到了更深层次学习的证据 冷反馈讨论： ● 陈述者没有考虑到什么 ● 我想要知道如果……会怎样
回应	5分钟	陈述者有机会对讨论做出回应；没有必要一点一点地回应别人说的话，陈述者可以分享什么打动了自己，以及由于讨论产生的想法，接下来可能采取什么步骤；打磨者都不许说话	
小结	5分钟	引导者发起一个关于小组观察过程的对话，一个好的引导者的标志之一是他/她带领小组做好小结的能力；不要急于把小结转回到困境的讨论上	● 我们是否有个好问题 ● 我们是否坚持了这个问题 ● 什么时候对话有了转机 ● 我们有没有偏离轨道 ● 我们的探索问题是否真的推动了陈述人的思考
关闭本轮对话（选做）	5分钟	参与者写下自己从参与这个协议中学到了什么，以及它如何影响自己的实践。如果时间允许，参与者可以与同伴分享他们的收获，或者小组中的每个人分享一个收获	

★ 引导者小贴士

（1）与陈述者一起事先设计一个好的问题，事先见面讨论这个困境，提炼出一个开放的、不容易解决的问题。把问题写在白板上，以便在整个谈话过程中都能看到。

（2）坚持每个部分的时间。如果你需要记录时间，请别人做志愿者来帮助你，或者使用计时器。

（3）不要害怕让大家将注意力集中在协议上——如果在澄清问题时，提出了一个探索性的问题，温和地要求参与者把它写下来，然后等到谈话进行到那个点上再讨论。

（4）必要时重新定向谈话（去掉不必要的垄断空白时间）。如果在分享暖反馈之前，讨论突然转向冷反馈，一定要先花时间称赞这个课程设计。

（5）不要急于跳过小结——小结是解构对话并随着时间推移提高对话质量的关键方式。

勇敢和自信——强有力的引导，是我们对话工作的成功关键，并且可以得到团队中每个人的赞赏。如果逐字逐句地读出小组的每个步骤能对你有帮助，请务必这样做。

我们可以发现，在整个磨课的过程中，对于教师最大的挑战就是"提问能力"，无论是总结出自己所面临的问题，还是用问题而不是答案去回应问题，如果对其中提到的澄清性问题和探索性问题还不太理解，可以参考《PBL 项目学习：101 工作手册》[一]第 20 页的说明。这些都是对于第四章所说的教师提问能力以及从教师转为教练角色的强化训练。与其说是在打磨课程，不如说是让教师真正体验到被问题而不是答案启发的感受。有过这样体验的教师，更容易完成从教师到教练的角色转化，而且也会自然而然地更重视自己提问能力的提升。

综合来看，无论是日本展现出来的普通课程集体教研，还是美国的项目化学习磨课协议的集体教研，两者都表现出了根据学生培养目标，通过集体教研来聚焦教师能力发展关键点的特点，这是学校实现内部整合的关键所在。

5.3 外整合：外部资源转为挑战任务

外整合，是指学校能够充分整合外部资源力量，无论是所在社区的资源，还是家长的资源。对于做好项目化学习而言，可能这是最容易想到的相关因素。在外部资源整合这件事情上，乡村和城市各有优势，城市的资源丰富，选择性多；乡村则是可以让项目化学习作为培养学生解决问题这件事情的结果更容易让所有人感受到。大多数校长和教师都会发现，整合外部资源这件事情每所学校或多或少都在做，但是真正把这件事情做好、做到位，将会是一个什么状态呢？这里可以引用上海新优质学校研究所副所长沈祖芸在《全球教育报告（2020—2021）》里分享的一个关于北京未来城学校的例子，"得到启发俱乐部"做了如下转述*：

[一] 阿弗雷德·索利斯，约翰·拉尔默，吉娜·奥拉布纳加. PBL 项目学习：101 工作手册[M]. 胡英，乔长虹，译. 北京：光明日报出版社，2019.

第五章　什么样的学校更容易做好项目化学习

我们都知道，按照国家课程标准，小学二年级要掌握这样一些知识：语文课，能写800个汉字，能写出自己想说的话；数学课，学会四则运算；科学课，认识动物，了解动物的生活习性，等等。

北京未来城学校把这些课程标准融到一起，设计了这样一个学习任务："请给附近的动物园园长写一封信，希望增加一种动物园里没有的动物，并让园长相信，引进这种动物后，游客会大量增加。"

为了完成这个任务，孩子们要调研动物园已有的动物品种，要了解新动物是否适宜北京的生存环境，科学课的内容是不是就囊括进去了？要讨论怎么才能说服园长引进这个品种，语文课书信的格式是不是就掌握了？要用证据证明引进这个品种能增加游客，数学课四则运算的知识是不是也都掌握了？

你看，传统课堂习惯把学习的意义窄化为获取分数，更看重结果，而不是过程。而学习任务呢？它的意义来自真实世界，我要说服动物园园长，为了实现这个目标，孩子们第一反应是调用已有的知识，一看不行，就会去主动发现新知识，直到把问题解决掉。在这个过程中，孩子会产生情绪波动，增加反思频率，做出负责任的决策，产生深度体验。每个人达成目标的途径和方法或许不同，但是动物的生活习性、写一封信等等学科要求并没有被绕开，都尽在掌握之中了。

但这还不是全部，任务设计最终的目标是激发孩子的潜能。每一个孩子的潜能都埋得很深很深，如果没有丰富的学习经历让他去尝试成功、品尝失败，那么他可能永远不知道自己适合什么、擅长什么、还能做什么。好的学习任务能创造各种可能性，让孩子在学习中暴露自己的认知水平、看见自己的成长。在动物园这个任务中，有的孩子发现自己擅长做社会研究，有的孩子发现自己口才好，有的孩子在团队中起到了领导协调的作用。如果没有这样的学习任务，只看到一次考试成绩，这个孩子分数高，那个孩子分数低，是不是就抹杀了太多的可能性？

经过大家辛苦的调研和学习，最终动物园园长被说服了，引进了新品种。这种来自真实世界的反馈，让学生们太有意义感了。

上海新优质学校研究所副所长沈祖芸在《全球教育报告（2020—2021）》里把这种设计学习任务的方法，概括出了六条黄金法则：

法则一：从孩子熟悉的生活半径开始，让他们在学习过程中不断调用已有的经验。

法则二：具有适度的挑战性，从而保持孩子们的好奇心，始终跃跃欲试。

法则三：没有标准答案，只有解决方案，最终攻克一个具体问题，获得成就感。

法则四：创造各种各样合作的可能性，让孩子在协同他人、连接资源、人际互动中适应不确定性。

法则五：学习成果作品化，通过公开展示，从他人的评论和反馈中看见不一样的自己。

法则六：高度承载学习目标，在解决问题的过程中，悄无声息地达成预期的知识、能力标准。

我们可以看到，这里概括的第一条法则，就是"从孩子熟悉的生活半径开始"，这就需要学校主动整合学校周围的外部资源。当然，在整合外部资源的时候，要格外注意不能只是简单的参观访问，一定要转化成为一个"挑战"，也就是这里第二条法则，"具有适度的挑战性"，这就是特别需要学校发挥教育专家优势的地方了。

比如潍坊未来实验学校开展的"我为学校代言"的项目活动，就是立足于学校空间及课程优势，结合新入学学生想对学校进行深入了解的真实需求设计的。从立意设计、脚本创作、素材摄录、配音，直到剪辑、宣传等，都是每个小组学生自己独立完成。每个小组制作的短片又通过学校微信公众号与社会及专业人士进行连接，听取真实世界的反馈。所以，整合外部资源需要立足学校才能发挥出最大的价值。

这样一来，学校真正要整合出来的，不是一个外部资源列表，而是一个学生挑战任务库，它和我们要培养的学生目标完全关联。这也是全球学校在落地素养教育的时候最常见的一个做法，它的名字叫作"基石任务地图"（Cornerstone Task Map），比如，我们以《引领现代学习：学校变革的蓝图》里面提供的这张"基石任务地图"为例，为了直观表示培养目标，对排版做了细微调整，如图5-4所示。

	幼儿园	1年级	2年级	3年级	4年级	5年级	6年级	7年级	8年级	9年级	10年级	11年级	12年级
语言	Letter Songs 字母歌	Kinder Kid Advice 给幼儿的建议	How-To Booklet and Presentation 如何做手册和演讲	Personal Narrative 个人叙事	Authors' Party Presentations 作者的派对演讲	People on the Move Research Project ELA and Social Studies 流动人口研究项目（语言+社会）	Personal Narrative 个人叙事	Autobiography 自传	Causes of Conflict Research Project ELA and Social Studies 冲突原因研究项目（语言+社会）	Research Project With Audiovisual Presentation 视听演示项目	Original Short Story Song or Poem 原创短篇小说、歌曲或诗歌	Parody or Satire Skit ELA and Science or Social 讽刺小品（语言+科学/社会）	Independent Study Project ELA and Science or Social 独立研究项目（语言+科学/社会）
数学	Number Maze 数字迷宫	Party Time 派对时间	Animal Zoo (Habitats) STEM Project 动物栖息地 STEM项目	Measure This! 测量它！	Geometry Town 几何城	Fund-Raiser Project 筹款项目	Exercise Studies Science and Health or Physical Education 运动研究（科学+健康/体育）	A Contractor's Proposal 承建商的建议书	Design Your Dream Bedroom 设计你的梦想卧室	Mathematical Modeling With Linear Equations 线性方程组的数学建模	How to Lie With Statistics Project 如何在统计中说谎项目	Amusement Park Physics Linked to Science 与科学相关的游乐园物理学	Mathematical Modeling Project (Lifetime Savings and Investment) 数学建模项目（终身储蓄与投资）
科学	Observing Carefully With All Senses 用所有的感官仔细观察	Will It Float? 它会浮起来吗？	Animal Zoo (Habitats) STEM Project 动物栖息地 STEM项目	Prove It! 证明我看！	Seed to Plant Project 种子种植项目	Conduct Your Own Experiment 进行你自己的实验	Prove It! 证明给我看！	Water-Quality Testing 水质测试	Consumer Scientist 消费者科学家	Earthquake Science 地震科学	Genetics Project Science and Social Studies 遗传学项目（科学+社会）	Chemistry Crime Scene 化学犯罪现场	Independent Study Project ELA and Science or Social 独立研究项目（语言+科学/社会）
社会	All About Me 我的一切	Me and My Family 我和我的家人	Wants and Needs 想要和需要	Alike and Different 相似与不同	Where We Live and How We Live 我们在哪里生活，我们如何生活	People on the Move Research Project ELA and Social Studies 流动人口研究项目（语言+社会）	Humans and the Environment 人类与环境	History: Whose Story? Examining Perspectives 历史：谁的故事？视角审视	Causes of Conflict Research Project ELA and Social Studies 冲突原因研究项目（语言+社会）	Contemporary Issues Debate 当代议题辩论	Constitutional Checks and Balances 宪政制衡	Problem-Solution Campaign 解决问题运动	Independent Study Project ELA and Science or Social 独立研究项目（语言+科学/社会）

图 5-4 基石任务地图

这是一所学前班到十二年级的学校的"基石任务地图"的样例，这里的每个格子，都是一个类似于北京未来城学校的"给动物园园长的一封信"这样的任务。那为什么要叫"基石任务"呢？我们竖着来看，对于每个年级来说，语言、数学、科学、社会，四个学科共同分工，共同达成了这个年级所要达成的学生培养目标（比如，对于这个样例学校来说培养目标就是4C），可以保证培养目标不落空。如果教师还有余力完成更多的任务，当然更好，只是有了这个"基石"，我们就能知道学生培养目标不会落空了。

当然肯定有学校要说，反正教材都是一样的，能不能由教育行政部门牵头设计成一样的呀，这样大家都方便。答案很明确：不能。

为什么呢？我们仔细看这张表，有没有发现，这个学校数学教师好像承担的任务更重一点，合作、创新都在数学教师负责的任务里进行培养。是的，这就是说，不仅仅是区域资源的因地制宜，还有学校教师能力的因地制宜。除了学科内容在实现学生培养目标方面本身就具有的优势（比如语文就是培养沟通表达能力更有优势的学科内容）以外，学校往往需要根据学校教师能力的分布，来确定合作能力、创新能力的落地方式。这些学生培养目标的分工，不能只看学科内容。

5.4 本章小结

"有目标"：对于想要做好项目化学习的学校而言，最大的作用在于不会误把手段当目的，而是应该把项目化学习当成手段。在校本化的学生培养目标的牵引下，形成学生画像、教师画像、课程画像的联动。在此基础上，项目化学习作为一种教学策略，可以让"内含"在课程体系里的学生培养目标更进一步地"外显"，也会让学校教师能力培养更加有目标性。

"内整合"：是针对学校的集体教研机制的，无论是基于PISA的数据进行的专家再次调研让我们看到的发生在日本的故事，还是基于项目化学习集体磨课的协议，尽管使用的教学策略不同，但是集体教研机制发挥作用的位置几乎是一模一样的，那就是重视教师的"提问能力"，无论是在课程设计中，还是在课程实施中。

"外整合"：是针对学校整合外部资源来说的，这件事情几乎每个学校或多或少都在做，我们为大家描绘了这件事情如果做好、做到位可能是什么样子的，不能只是简单的参观访问，而要"从孩子熟悉的生活半径开始"，把外部资源列表转化为学生挑战任务库，甚至更进一步，学校把若干的学生挑战任务变成因地制宜搭建的"基石任务地图"。

5.5 小彩蛋：如何确认素养教育眼神

WHO的部分从教师与学校分别切入，这个灵感来自于2020年4月我受邀参加哈佛中国教育论坛的经历。主办方说，论坛的参与者里，既有完全没有工作的学生，又有资深的教育从业者，能不能用一个哈佛式的八分钟发言，在这两类参与者之间搭建一个桥梁？我就在想，这两类参与者往这里一放就有"招聘"的味道，那我就想想看怎么消除两者之间的信息差吧。于是我就准备了这篇八分钟的发言稿,也作为彩蛋放在 WHO 这个部分的最后。

大家好,我是张阳。在我国 K-12 教育里面,我想我自己的标签可能会是"经历过我国学校类型最多的一线教师"。复旦大学政治学博士毕业,十年时间里在我国不同的学校工作过,从条件最不好的乡村中学,到条件最好的超级中学,再到阿里巴巴合伙人创立的云谷学校,现在是北京探月学院一名教师。

我是从三年前来到探月学院才开始接触完整的素养教育的;之所以说是"完整"的素养教育,是因为我们探月学院要在每个学期末,给出一份学生基于MTC(素养成绩单联盟)标准的素养成绩单。2017 年 3 月,美国若干顶尖私立学校联合发起了MTC,就是想提交一份没有分数没有排名的素养成绩单,我现在所在的探月学院,是 MTC 在美国本土以外唯一的工作小组。之前我接触的 PBL(项目化学习)、SEL(社会情感学习),都是不同的学习形式或内容,只有到了要评估、要出素养成绩单的时候,才是把天上飘着的理念落地,才算是"完整"的素养教育。学校里最直白的一个道理就是——"你评估什么,你就会得到什么"。现在我也兼任 MTC 大中华区的首席运营官(COO),负责整合全球的资源,为大中华区的学校落地这份素养成绩单。

今天我想给大家分享的话题是:

"想"做素养教育的"学校",如何判断"教师"是"真的会"做?

"会"做素养教育的"教师",如何判断"学校"是"真的想"做?

听上去有一点点绕,我们把它想象成学校和教师之间互相"确认眼神"的过程。毕竟素养教育在我国还很新,无论对于教师还是对于学校,这种"确认眼神"的动作,还是非常有必要的。

1. 如何判断教师"真的会"做?

首先我们站在学校的位置,学校如何判断教师"真的会"做呢?以下只是我个人的观点,仅供参考。

往往说到素养教育,就是和应试教育水火不容。但是我们都知道,离开了刻意练习,其实我们什么都学不会。比如我们最熟悉的表达能力,无论是口头表达还是书面表达,有表达的机会很重要,但是只有表达的机会,还不足以让每个学生都能学会表达。学生要把能力稳定在某个水平,不掉链子,才算是能力养成。没有人天生就会表达,这个时候教师像"镜子"一样的"反馈"就至关重要了。

厚着脸皮拿我自己举例子吧。我是一名社科教师。我的学生每周从"邵恒头条"的四则新闻中,挑一篇自己最感兴趣的,根据斋藤孝的"红绿蓝"三色分析方法,对新闻内容进行分析,如图 5-5 所示。学生用红色画观点,蓝色画证据,绿色画自己感兴趣的内容。这个方法也在锻炼学生的阅读能力,不仅我的课可以用,语文、英语、甚至数学……只要用到阅读能力的学科都可以使用。

第五章 什么样的学校更容易做好项目化学习

A. 任务情境

在这项任务中，你们将收听得到APP"邵恒头条"每周的四则新闻。每周选择自己最感兴趣的一则，根据斋藤孝的"红蓝绿"分析方法，对新闻内容进行分析。请思考，我们是如何辨别他人想要表达的观点的？

B. 最终产出（学生要做啥）

用斋藤孝"红蓝绿"分析表格，分析自己每周选定的新闻。15周时间，15份分析表格。

C. 在这项任务中你需要展示的知识和技能（做成啥样算合格）

文本分析（精读）观点与目的（分析角色、叙述者和/或作者/说话者的观点或目的，以及这种观点如何影响文本的信息或意义）：准确地描述作者/说话者的观点或目的，并通过使用文本中的相关细节来分析这种观点或目的是如何传递和发展的，以便在适用的情况下影响其意义。解释作者的观点如何不同于其他观点，包括作者/说话者的观点的局限性或偏见。在必要时，解释作者如何承认并回应相互矛盾的证据或观点。

D. 所需材料

新闻标题	
红色（客观视角）	画出你认为客观上"非常重要的部分"，即一般而言谁都认为"最重要"的部分，只有这个部分集中体现了文章的主旨
蓝色（客观视角）	画出你认为客观上"比较重要"的部分，这个部分不是主观性的，而是一般而言大家都可能认为是比较重要的（张阳备注：往往是证据），那么你就不要犹豫地画出来，当你回过头来再读一遍的话，它可以成为大致的内容概要
绿色（主观视角）	当你觉得"很有意思"，那就画上圈吧，它与文中的客观要点没有任何关系，只要你觉得喜欢、有意思，或者有感觉，就不用顾忌地在上面画上圈
你的简短评论	

图 5-5 "红绿蓝"三色分析方法

那学生的能力又如何评价？我们使用萨米特认知量规评价，如图5-6所示。我们根据量规和学生沟通，任务做到什么程度算合格。学生拿到任务的时候，就知道合格水平是什么样子；如果想做得更好，量规还能帮助学生看到需要在哪些方面持续改进。

F. 评分（会被如何评价）：

你的产出将使用探月学院Summit School认知量规评价。请确保你熟悉描述合格表现的语言。

维度	Novice	Basic	Proficient	Advanced
Textual Analysis (Close Reading) Point of View/ Purpose 文本分析（精读）观点与目的	Describes how an author/ narrator/ speaker's point of view influences the meaning of the text and how events are described. When relevant, compares and contrasts the points of view represented in multiple accounts of the same event or topic.	Describes author's/ speaker's point of view or purpose and clearly explains how that point of view or purpose is conveyed and developed through the use of relevant details in the text to, as applicable, impact the meaning. Explains how author's point of view differs from others and, when relevant, how the author acknowledges and responds to conflicting evidence or viewpoints.	Accurately describes author's/ speaker's point of view or purpose and analyzes how that point of view or purpose is conveyed and developed through the use of relevant details in the text to, as applicable, impact the meaning. Explains how author's point of view differs from others, including the limitations or biases of the author's/ speaker's point of view. When relevant, explains how the author acknowledges and responds to conflicting evidence or viewpoints.	Analyzes author's/ speaker's point of view, including its development, limitations, biases, impact on the meaning of the text, and differences from and responses to other points of view. Explains how author/ speaker uses rhetoric or differences in point of view to create specific effects.
	描述作者/叙述者/说话者的观点如何影响文本的意义以及如何描述事件。必要时，对同一事件或话题的多个叙述中所表达的观点进行比较和对比。	描述作者/说话者的观点或目的，并清楚解释该观点或目的如何通过使用文本中的相关细节来传达和发展的，以便在适用的情况下影响其意义。解释作者的观点如何不同于其他人，并在必要时，解释作者如何承认和回应相互矛盾的证据或观点。	准确地描述作者/说话者的观点或目的，并通过使用文本中的相关细节来分析这种观点或目的是如何传递和发展的，以便在适用的情况下影响其意义。解释作者的观点如何不同于其他观点，包括作者/说话者的观点的局限性或偏见。在必要时，解释作者如何承认并回应相互矛盾的证据或观点。	分析作者/说话者的观点，包括其发展、局限性、偏见、对文本意义的影响以及与其他观点的差异和回应。解释作者/说话者如何使用修辞或不同的观点来创造特定的效果。

图 5-6 任务里使用的萨米特认知量规评价

最让我触动的一个瞬间，是读到小 C 同学的期末反思的时候，请允许我为大家念一小段：

"我尝试用跳出来的视角看看这篇文章，寻找哪些话像在回答相反观点，作者在哪些角度考虑了，哪些角度没有。慢慢地我就发现了其中所谓的奥秘，体验到了找出相反观点、局限性的快乐。这让我以后可以更加独立地思考，有一个独立的大脑，不会被绕进去，对于以后看待事情、听别人说话、辩论……都有许多帮助！"

这个瞬间带给我的，不只是一种"幸福"，也是一种"喜悦"。

那是万维钢老师在解读《第二座山》的时候描述的一种感受。他写到，中日友好医院的王泰龄医生 92 岁了，仍然在第一线，而且每天工作 12 个小时，她说："奖状以前我有一书包……现在最高兴的就是，一个年轻人，他突然告诉我他明白了。"我一边读着小 C 的期末反思，一边回忆着和小 C 之前的互动。像极了那一瞬间，他突然告诉我，他明白了。

如果学校要判断教师是不是真的会素养教育，我的建议是，不是笼统地说教师带给学生什么体验，而是看教师能不能找到最有意义的重复，持续反馈。因为体验过素养教育带来的喜悦感的教师，是不会因简单的幸福感而满足的。

2. 如何判断学校"真的想"做？

接下来我们换到教师的位置，教师如何判断学校"真的想"做素养教育呢？我肯定不能说用 MTC 成绩单的学校才是，这就明显是广告了！我想给出另外一个答案，也供大家参考。

在刚才的例子里，大家是不是觉得我这个社科教师好像抢了语文教师的饭碗啊！其实我要给的答案就藏在这里面。这都是有学校层面的提前规划的，如图 5-7 所示。

领域(7)	文本分析（精读）				使用资料		探究			分析与综合						创作/写作						听说		产出与演讲		
维度(36)	主题与中心思想	观点与目的	发展	结构	用词选择	选择相关原始资料	情境化原始资料	综合多种原始资料	提出问题	定义设计问题	预测与假设	策划及进行调查	组织与表达信息	识别模式和关系	比较与对比	建模	阐释数据资料以提出有效论点	建立联系和推断	评估竞争性的设计方案	评估解决方案	设计有证据的解释	立论	资料性与解释性论文	叙事	反论	证据选择	证据解释	证据整合	组织结构	开头和结尾	为以证据为基础的讨论做贡献	规则与积极倾听	口头表达	多媒体交流	精准沟通
语言	▲	▲	▲	▲	▲	▲			▲				▲	▲			▲				▲	▲	▲	▲	▲	▲	▲	▲	▲	▲	▲	▲	▲	▲	▲
社会	▲	▲				▲	▲	▲	▲				▲	▲	▲		▲	▲			▲	▲	▲			▲	▲	▲	▲	▲	▲	▲			▲
科学						▲		▲	▲	▲	▲	▲	▲	▲	▲	▲	▲	▲	▲	▲	▲					▲	▲	▲	▲	▲	▲	▲			▲

图 5-7 萨米特认知能力与学科关系对应表（2019 年版）

在探月学院，我们根据萨米特认知能力量规，不同学科的教师既有分工，又有合作。

当全校教师使用同一套量规，在不同学科评价学生的能力（比如提问能力、写作能力、搜集资料能力）的时候，能力迁移就能每天都在课堂中发生。我之所以抢语文教师的饭碗，就是因为在阅读能力里，社科需要帮助学生读出"作者的观点和目的"，就是画面里这个黄色的小三角形。作为社科教师，当我看到学生把在我的课堂上学到的"红绿蓝"三色阅读法，配着我给的红绿蓝三色圆珠笔用到数学课上的时候，我是超级开心的。所谓的素养，就是要让学生能够举一反三，能够迁移，我们就真实地让迁移实现了。

如果教师要判断学校是不是真的想做素养教育，我的建议是，不是看学校做了什么酷炫的课外活动，而是看学校能不能通过认知能力量规、基础任务地图等工具，规划不同学科的合力，持续迁移。否则课内不变课外变，学生往往会觉得更加割裂，迁移也无法真正发生。

3. 总结

最后请允许我来总结一下：素养教育里，学校和教师，建议用两句话来互相"确认眼神"：

不是体验，而是找到最有意义的重复，持续反馈。

不是活动，而是找到不同学科的合力，持续迁移。

素养教育，对我国现在的教师最大的挑战就是——我们自己作为学生的时候，没有体验过素养教育，但是现在作为教师，却需要把素养教育带给我们的学生。这件事情上我们也许还没有最终的答案，但我们每往前进一步，都有进一步的喜悦。期待我们都能在素养教育里遇上"对的人"！

模块四
如何做项目化学习(how)

CHAPTER 06

第六章　包含"评价设计"的项目化学习设计

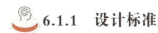

6.1　抓标准：评价先行，从我自己做起

6.1.1　设计标准

都说"逆向设计、评价先行",那我们的设计任务,不妨也从如何评价"包含'评价设计'的项目化学习设计"的好坏开始吧。请教师仔细阅读下面这份包含"评价设计"的项目化学习设计品控量规。

关于这套量规的来源:它是探月学院在萨米特学校的项目品控量规的基础上修订的,主要修订了维度与维度之间的关系,让新手教师更容易理解。

萨米特学校的品控量规,则是结合了全球做项目化学习的权威机构 PBL Works 的项目化学习设计品控量规*以及全球做 PA（Performance Assessment,表现性评估）的权威机构斯坦福大学评估、学习与公平中心（SCALE）的 PA 设计品控清单*。也就是说,它本身就是为了确保项目化学习有评估而制订的量规。

关于这套量规的适用范围:无论是指向学科素养的学科课程,还是指向大概念的跨学科课程,还是培养学生 4C 能力（批判性思维与问题解决、沟通、合作、创新与创造）的校本综合课程,都可以使用。

如果之前没有接触过项目化学习的设计,第一次阅读这套品控量规,可以把注意力放在重复出现的"新名词"上面,因为这些"新名词"代表了在项目化学习设计中教师经常需要使用的"专有名词"。我们会在后面做更详细的说明。

如果之前接触过项目化学习的设计,只是不太熟悉项目化学习的评价,第一次阅读这套品控量规可以把注意力放在其中标记有"★"的指标,它是所有包含"评价设计"的项目化学习设计都需要确保的关键指标,对于第一次接触项目化学习评价设计的教师来说,可以将项目化学习设计的重点集中在这些指标上。也可以把这八条有"★"的指标抄写下来,贴在办公桌旁边,提醒自己先抓住这些关键内容。

如果之前接触过项目化学习的设计，也对项目化学习评价有一定的了解，第一次阅读这套量规可以把注意力放在"合格（能使用）"与"典范"这两者的差异上，见表6-1，帮助自己确定在包含"评价设计"的项目化学习设计中自己的优势所在。也可以把这套量规复印下来，贴在办公桌旁边，帮助自己不断精进。

表 6-1 "评价先行"的项目化学习设计标准

维度	标准	不合格（不能使用）	合格（能使用）	典范
1.目标设计	目标清晰	● 该任务的部分内容 部分反映 知识内容或能力 ● 该任务与相关课程标准 不一致 ● 认知能力与任务的认知要求 不一致 ● 在任务中评估的认知能力的数量是 不够的（考虑到任务的要求）或 不切实际的 ● 任务概述和检查点文档，只是暗示或 没有与学生沟通 对最终产品和检查点的质量期望	★● 该任务与关键知识内容和认知能力保持 一致 ★● 该任务的部分内容 部分反映 相关的课程标准 ● 为评估而选择的认知能力与任务的要求 大多相一致 ● 在任务中评估的认知能力的数量是 适当的①（考虑到任务的要求），而且 大多数 可以被真实地评估 ● 任务概述和检查点文档，宽泛地或不完整地 与学生沟通了对最终产品和检查点质量的期望	● 该任务旨在 以连贯的方式整合 知识内容和认知能力 ● 该任务与相关课程标准 一致 ● 为评估而选择的认知能力与任务的要求 完全相一致 ● 在任务中评估的认知能力的数量是 适当的①（考虑到任务的要求），而且 所有都 可以被真实地评估 ● 任务概述和检查点文档，清晰且具体地 与学生沟通了对最终产品和检查点质量的期望
		适当的（就认识能力的数目而言）在一个任务中评估的认知能力可以定义为在以下范围内：最少，只有最终产品引出的最重要的认知能力得到评估（同时仍然提供该产品整体质量的精确快照）；最多，最终产品引出的认知能力的最高数量得到评估（仍然能够从教师和学生的注意力中得到有意义的反馈）。		
	学术严谨	● 任务结果（基于任务中的活动、检查点和最终产品的完成）帮助学生建立对学科重要性的理解，不清楚或者有疑问 ● 主题/基本问题与学科 关系不大；任务让学生参与检查点/活动/资源和/或最终产品与学科 关系不大 ● 整合到任务中的内容（在活动/资源、检查点和/或最终产品中）可能与相关的重点知识内容领域有关，但 没能通过创造"需要知道"来加深学生的理解 ● 在整个任务过程中，要求学生完成的 检查点和最终产品的严谨性 不匹配（要么过于严谨，要么不够严谨），因此 不太可能促进学科内的知识/理解	★● 任务结果（基于任务中的活动、检查点和最终产品的完成）帮助学生建立对于关键事实、概念或策略的理解，但在学科内部和/或学科之间的 可迁移性有限 ★● 主题/基本问题 与学科相关；任务让学生参与 与学科相关的检查点/活动/资源和最终产品 ● 整合到任务中的内容（在活动/资源、检查点和/或最终产品中）为相关的重点知识内容领域 创造了"需要知道" ● 在整个任务过程中，要求学生完成的大多数检查点和最终产品的 严谨性是适合的，将有 可能促进学科内的知识/理解	● 任务结果（基于任务中的活动、检查点和最终产品的完成）帮助学生加深对于关键事实、概念和策略的理解，在学科内部及/或学科之间具有 广泛的可转移性 ● 主题/基本问题是 本学科的关键问题；任务让学生参与检查点/活动/资源和最终产品，都是 本学科的核心 ● 整合到任务中的内容（在活动/资源、检查点和/或最终产品中）通过创造"需要知道"并要求学生用它做比播放列表中更多的事情，加深了学生对重点知识内容领域的理解 ● 在整个任务过程中，要求学生完成的 所有检查点和最终产品 的严谨性是适合的，能够促进学科内的知识/理解

（续）

维度	标准	不合格（不能使用）	合格（能使用）	典范
2.体验设计	重点突出	● 任务的重点不明确，或试图反映太多，或混乱的目标或目的所致	● 任务的重点是明确的，它反映一系列有重点的目标	● 任务的重点是明确的，它反映了一个明确定义的、有重点的目标，且需要在学科中应用知识内容和认知能力
	环节连贯	● 任务活动/资源与检查点不一致，或不能始终支持检查点的完成 ● 任务检查点与最终产品不一致，或不能始终支持最终产品的完成 ● 最终产品与任务描述/基本问题不一致，或者不能支持持久理解	● 任务活动/资源与检查点保持一致，并支持检查点的完成 ★● 任务检查点与最终产品的完成保持一致，并支持最终产品的完成 ● 最终产品与任务描述/基本问题保持一致，并能支持持久理解	● 任务活动/资源支持检查点的成功完成 ● 任务检查点支持最终产品的成功完成 ● 最终产品与任务描述/基本问题紧密结合，从而直接促进持久理解
	提升参与	● 任务的开始（无论是入项事件、活动还是检查点的一部分）不包括吸引学生注意的"钩子"/入项事件或其他提升参与度的方式 ● 该任务的大多数部分似乎没有为学生的参与提供机会	● 任务的开始（无论是入项事件、活动还是检查点的一部分）都会引起学生的注意，但是不会产生"需要知道"或者产生关于任务主题的问题 ● 该任务的一些部分为学生的高度参与提供了机会	● 任务的开始（无论是入项事件、活动还是检查点的一部分）都会在情感和智力上强烈地吸引学生（让他们感到对任务的全情投入），并引导学习者深入探究 ● 任务过程中的许多方面为学生的高度参与提供了机会
3.特征设计	真实性	● 任务与学生的经验、兴趣或先前的知识几乎没有联系 ● 没有提供完成任务的情境/目的	● 任务与学生的经验、兴趣或先前的知识有联系 ★● 任务模拟一个真实世界的情境（通过与现实世界中成年人的工作建立联系），或者提供一个表层目的（通过解释这个任务将如何在未来帮助学生）来吸引学生参与和完成这个任务	● 任务建立在学生不同的经验、兴趣和/或先前知识的基础上 ● 任务提供了一个真实世界的情境（在这种情境中，学生不仅仅是模拟专业人员的工作，也是创造一个真实的产品）和/或服务于重要目的来吸引学生参与学习和完成这个任务
	开放性	● 提示学生完成的最终产品和辅助资源（课文、材料）偏向于特定的回应；或者只有一个可接受的回应 ● 没有为学生提供选择/决策点	★● 提示学生完成的最终产品，允许以不同的方式回应，但是辅助资源（课文、材料）可能预先决定或限制学生回应的方式 ● 为学生提供有限的选择/决策点（如主题或资源）	● 提示学生完成的最终产品和辅助资源（课文、材料），允许以不同的方式回应 ● 在产品本身和完成最终产品的任务中，为学生提供广泛的、有意义的选择/决策点
	复杂性	● 任务作为一个整体是过于复杂的或者要求过高的，或任务作为一个整体是过于简单的且不是很有挑战性的 ● 有太多或太少的检查点来支持学生的任务进展，和/或相关的活动/资源不足	● 任务的一个或多个元素（例如活动/资源、检查点或最终产品）对于大多数学生来说可能过于复杂或不具有挑战性 ● 检查点支持学生在任务上的进度，并且有相关的足够的资源/活动来完成最终的产品	● 任务作为一个整体，对于学生的年级水平/能力水平来说，具有适当的复杂性和挑战性 ● 检查点对学生在任务上的进展是有支持性和目的性的，与之相关的资源/活动也是有目的性的，因为它们有助于推动最终产品的顺利完成

（续）

维度	标准	不合格（不能使用）	合格（能使用）	典范
3. 特征设计	复杂性	• 检查点内资源和活动的集合，不能为学生提供多个接入点（基于学生的经验、先前知识和认知能力流畅性） • 许多最终产品和/或检查点的脚手架搭建得过多（因此减少了学生的认知负荷）和/或搭建得过少（因此限制了许多学生的可达性）	• 检查点内资源和活动的集合为学生提供了各种各样的接入点，因为它们说明了学生的经验、先前知识、认知能力的流畅性 • 大多数最终产品和检查点都有尽可能少的脚手架（这样学生的认知负荷就可以最大化），同时仍然确保可达性	• 检查点内资源和活动的集合为范围广泛的学生提供了多个接入点，因为它们说明了学生的经验、先前的知识和认知能力的流畅性 • 所有的最终产品和检查点都有尽可能少的脚手架（这样学生的认知负荷就可以最大化），同时仍然确保可达性
4. 交互设计	反馈性	• 检查点没有任何迹象表明学生将有机会获得任何反馈	★● 某几个检查点表明学生将有机会获得书面/口头的教师反馈	• 所有的检查点都表明学生将有机会获得反馈；有些检查点表明教师的书面/口头反馈，有些检查点表明自我反馈或同伴反馈

6.1.2 专有名词

无论对于项目化学习设计的新手还是老手，相信都在量规里发现了一些新的专有名词。在分析这套量规之前，我们需要花一点时间了解这些专有名词。

量规里涉及的专有名词包括：认知能力、基本问题（或者说驱动问题）、检查点、活动、资源、最终产品、入项事件。

★ 认知能力

这里的认知能力，是指布鲁姆教育目标分类法中的上面三层高阶部分，主要是分析、评价、创造。它和下面三层（记忆、理解、运用）的区别不能只从字面上来理解，上下三层之间的关注点有本质区别。概括来说，下面三层解决"是什么"的问题，上面三层解决"还可以是什么"的问题。甚至可以这样说，没有上面三层的高阶思维的发生，就不是项目化学习。

关于高阶认知动词的处理方法，由于篇幅关系，在此只举一个例子，帮助教师理解。以"评析"为例，展示了处理课程标准中的高阶认知动词的方法。

> 以课程标准里的"评析市场机制的优点与局限性"这样一句话为例，分三种情况讨论无效方法：
> **第一种**，高阶思维低阶化。学生先"记忆"市场机制的优点与局限性，然后如果遇到要"评价"的情况，就自己去发挥一下吧。师父领进门，修行在个人。

第二种，高阶思维放羊化。这是貌似有效的"低门槛"方法。让学生发表自己的看法，说说市场机制哪里好哪里不好。教师反馈说："好的好的，都说得很好呀。"实际上教师关注的，只是把"记忆"的内容换成了口头表达。这样的课堂看似氛围开放，实际上没有给未来的公共讨论建立有效的方法论。

第三种，高阶思维活动化。这是貌似有效的"高门槛"方法，也是教师说到要发展"高阶思维"会觉得费时费力的原因。比如说，看到"市场机制的优点与局限性"，教师可以组织一场辩论赛（甚至结合热点引入"奇葩说"赛制），让正方、反方分别代表不同观点。一场活动费时费力，它真正有效的部分是什么？离开了活动是否可以练习？如何保证每个学生都能合格呢？不知道，反正"师父领进门，修行在个人"。

这三种处理方法的问题根源都在同一个地方：教师在理解课程标准的时候，本能地只注意名词，没注意动词。而动词，就是需要思维过程的反复练习。即使在第三个活动化的方案中，真正让教师起心动念做活动的，其实是"优点与局限性"，而不是"评价"二字。

可以参考以下九步做法：

第一步，看到"评析市场机制的优点与局限性"，圈出"评析"这个动词。

第二步，拿出斯坦福大学评估、学习与公平中心（SCALE）为萨米特学校做的3~12年级使用的认知能力量规。*

第三步，查阅到"评析"这个动词对应的思维能力条目——"分析与综合"下的"批判他人的推理"和"建立有证据的解释"。

第四步，查阅"批判他人的推理"和"建立有证据的解释"能力的八级量规，找到代表自己所在年龄段的水平的位置，具体的对应关系如下。

3年级　　水平 0.5~2.5
4年级　　水平 1~3
5年级　　水平 1.5~3.5
6年级　　水平 2~4
7年级　　水平 2.5~4.5
8年级　　水平 3~5
9年级　　水平 3.5~5.5
10年级　　水平 4~6
11年级　　水平 4.5~6.5
12年级　　水平 5~8

第五步，比如是11年级，抄写第6级水平："清楚界定和评估论点/解释和具体论点，详细评估推理是否有效和/或证据是否相关和充分。在适用的情况下，确定虚假陈述和谬误推理（逻辑谬误），并考虑能够改进论点/解释的逻辑的替代主张或证据。""建立一个现象的解释，由逻辑推理、经验证据和学科的观念连接支持。必要时，确定证据的局限性。"

第六步，圈出第 6 级水平里的关键动词：①评估论点、论据、论证是否充分，②确定有没有虚假陈述和逻辑谬误，③改进这些虚假陈述和谬误，④建立一个现象的解释，由逻辑推理、经验证据和学科的观念连接支持。必要时，确定证据的局限性。

第七步，根据圈出的动词，一方面组织教学过程，它也是那些"高门槛"活动背后真正有效的部分；另一方面组织学习材料，比如需要给学生提供一些带有虚假陈述和逻辑谬误的句子来练手。

第八步，在上课一开始和学生沟通这节课的"目标"的时候，把"评析市场机制的优点与局限性"翻译成这样的"学习结果"：关于市场机制的优缺点，我可以做到：①评估论点、论据、论证是否充分；②确定有没有虚假陈述和逻辑谬误；③改进这些虚假陈述和谬误；④建立一个现象的解释，由逻辑推理、经验证据和学科的观念连接支持，必要时，确定证据的局限性。

第九步，在沟通"学习结果"之后，紧接着也和学生沟通教师会如何评价大家的表现，同时将"批判他人的推理"和"建立有证据的解释"对应的量规给到学生。到这节课结束，教师会根据量规完成评估和反馈。

★ 基本问题/驱动问题

关于基本问题（或者说驱动问题），在美国课程改革专家格兰特·威金斯（Grant Wiggins）和杰伊·麦克泰格（Jay McTighe）合著的《追求理解的教学设计（第二版）》中有这样清晰的界定："基本问题（essential question）：在学科或课程中处于核心位置的问题（与之相对应的是不重要的或引导性问题），促进对学科的探究或揭示。因此，基本问题没有唯一直接的答案（引导性问题有），而是会产生不同的貌似合理的回答。关于这些答案，思维缜密和知识渊博的人可能会有不同的意见。"⊖ 美国 21 世纪技能组织顾问詹姆斯·A.贝兰卡（James A. Bellanca）在《深度学习：超越 21 世纪技能》中把基本问题在本质上分成了三类：①驱动；②引导；③澄清。⊖ 后者驱动问题，是项目化学习设计过程中的核心特征要素，通常有固定的格式，汤姆·马卡姆在《PBL 项目学习：项目设计及辅导指南》中给出了常见的格式："我们如何，作为＿＿＿＿＿＿＿＿（角色），＿＿＿＿＿＿＿＿（完成、

⊖ 格兰特·威金斯（Grant Wiggins），杰伊·麦克泰格（Jay McTighe）.追求理解的教学设计[M].闫寒冰，宋雪莲，赖平，译.2 版.上海：华东师范大学出版社，2017.
⊖ 詹姆斯·A.贝兰卡（James A. Bellanca）.深度学习:超越21世纪技能[M].赵健，主译.上海:华东师范大学出版社，2020.

创造、设计、创建等），达到＿＿＿＿＿＿（目的）？"如果要用一句话来概括两者的关系，那就是：基本问题和驱动问题之间是"交集"的关系。

★ 检查点 / 活动 / 资源 / 最终产品

这里的检查点、活动、资源、最终产品，可以把它们理解成一套相互连贯的项目化学习设计要素，在后面的"体验设计"部分会有更详细的介绍，这里暂时不做展开。

★ 入项事件

入项事件是在项目最开始阶段进行的活动，目的是"钩住"学生，提高学生参与项目的积极性。比如实地考察、特邀嘉宾演讲、观察特殊意义的图片或者物品、用诗歌音乐视频等引发思考等不一样的学习体验，都是常见的入项事件。与入项事件相对应的，是出项事件，是在项目的最后阶段进行的活动，常常是最终产品的公开展示或者师生集体反思，目的是庆祝彼此的成长和收获。

其实项目化学习和普通课程教学的"专有名词"的区别可能就是这七个。我们先大致熟悉一下，在后面讲到设计项目化学习的工具时，我们还会详细展开。

然后，我们一起来看量规的具体内容，量规划分了四个维度，九条标准。四个维度，是为了让教师能够整体把握包含"评价设计"的项目化学习设计的四个要点，分别是：目标设计、体验设计、特征设计、交互设计。接下来我们分别加以说明。

6.1.3 目标设计

第一个维度，目标设计。又被拆分为目标清晰和学术严谨，见表 6-2。

表 6-2 目标设计

维度	标准	不合格（不能使用）	合格（能使用）	典范
1. 目标设计	目标清晰	• 该任务的部分内容**部分反映**知识内容或能力 • 该任务与相关课程标准**不一致** • 认知能力与任务的认知要求**不一致** • 在任务中评估的认知能力的数量是**不够的**（考虑到任务的要求）或**不切实际的** • 任务概述和检查点文档，只是暗示或**没有与学生沟通**对最终产品和检查点的质量期望	★★ 该任务与关键知识内容和认知能力保持**一致** ★★ 该任务的部分内容**部分反映**相关的课程标准 • 为评估而选择的认知能力与任务的要求**大多一致** • 在任务中评估的认知能力的数量是**适当的**①（考虑到任务的要求），而且**大多数**可以被真实地评估 • 任务概述和检查点文档，**宽泛地或不完整地**与学生沟通了对最终产品和检查点质量的期望	• 该任务旨在**以连贯的方式整合**知识内容和认知能力 • 该任务与相关课程标准**一致** • 为评估而选择的认知能力与任务的要求**完全相一致** • 在任务中评估的认知能力的数量是**适当的**①（考虑到任务的要求），而且**所有**都可以被真实地评估 • 任务概述和检查点文档，**清晰且具体地**与学生沟通了对最终产品和检查点质量的期望

（续）

维度	标准	不合格（不能使用）	合格（能使用）	典范
1. 目标设计	目标清晰	**适当的**（就认识能力的数目而言），指在一个任务中评估的认知能力可以定义为在以下范围内：最少，只有最终产品引出的最重要的认知能力得到评估（同时仍然提供该产品整体质量的精确快照）；最多，最终产品引出的认知能力的最高数量得到评估（仍然能够从教师和学生的注意力中得到有意义的反馈）		
	学术严谨	• 任务结果（基于任务中的活动、检查点和最终产品的完成）帮助学生建立对于学科重要性的理解，**不清楚或者有疑问** • 主题/基本问题与学科**关系不大**；任务让学生参与检查点/活动/资源和/或最终产品，与学科**关系不大** • 整合到任务中的内容（在活动/资源、检查点和/或最终产品中）可能与相关的重点知识内容领域有关，但**没能通过创造"需要知道"来加深学生的理解** • 在整个任务过程中，要求学生完成的**检查点和最终产品的严谨性不匹配**（要么过于严谨，要么不够严谨），因此**不太可能促进学科内的知识/理解**	★• 任务结果（基于任务中的活动、检查点和最终产品的完成）帮助学生建立对于关键事实、概念或策略的理解，但在学科内部和/或学科之间的**可迁移性有限** ★• 主题/基本问题**与学科相关**；任务让学生参与**与学科相关**的检查点/活动/资源和最终产品 • 整合到任务中的内容（在活动/资源、检查点和/或最终产品中）为相关的重点知识内容领域**创造了"需要知道"** • 在整个任务过程中，要求学生完成的大多数检查点和最终产品的**严谨性是匹配的**，有**可能促进学科内的知识/理解**	• 任务结果（基于任务中的活动、检查点和最终产品的完成）帮助学生加深对于关键事实、概念和策略的理解，在学科内部和/或学科之间具有**广泛的可迁移性** • 主题/基本问题是**本学科的关键问题**；任务让学生参与检查点/活动/资源和最终产品，都是**本学科的核心** • 整合到任务中的内容（在活动/资源、检查点和/或最终产品中）**通过创造"需要知道"并要求学生用它做比播放列表中更多的事情，加深了学生对重点知识内容领域的理解** • 在整个任务过程中，要求学生完成的**所有检查点和最终产品的严谨性是匹配的，能够促进学科内的知识/理解**

目标清晰，是指要完成这个任务，学生需要调动的知识和能力是不是课程真正想要的目标。比如，我们有些时候想要用某个任务（比如水火箭）培养学生的创造力，但是学生完全有可能是在网上检索了信息，解决了这个问题，那么学生调动的能力就和我们真正想要的目标不一致。这也是为什么目标清晰的第一个"★"标记，就是在突出"任务与关键知识内容和认知能力保持一致"。而且在这样一致的基础上，还要确认以下四方面的内容：是否与课程标准一致？是否平衡了使用能力和培养能力？是否目标的数量合适？是否与学生清晰沟通？

这里比较难理解的是"是否平衡了使用能力和培养能力"。

打个比方，我们每天都在呼吸，都在"使用"心肺功能，而这不等于"培养"心肺功能，因为"培养"需要突破舒适区，进行刻意练习，比如要坚持做一些适当强度的体育锻炼，才能有效"培养"心肺功能。

虽然使用能力和培养能力都可以评估能力，但是"培养"需要的刻意练习才是做任务能够提升的能力的关键。这就需要教师在设计项目化学习的时候，把通过刻意练习来"培养"的能力和"使用"的能力区分开。

学术严谨，最核心的"★"标记是关于可迁移性的，也就是说学生在完成任务的活动、检查点和最终产品的过程中，是不是帮助学生建立了对于关键事实、概念或策略的理解，并且进行了迁移运用。通过本书前面的内容反复突出的提问和学以致用的高度关联可以想到，"★"标记肯定少不了问题设计，既然要迁移运用的是学科的关键事实、概念或策略，那么这个问题也一定要与学科相关。项目化学习最重视的驱动问题设计，就在这里被更有目的性地加强了。接下来，作为学习，找到知识和能力的"生长点"也是学术严谨的重要组成部分。最后，学术严谨也要注意过犹不及，需要通过学生视角来判断。

6.1.4 体验设计

第二个维度，体验设计。又被拆分为重点突出、环节连贯、提升参与，见表6-3。

表 6-3 体验设计

维度	标准	不合格（不能使用）	合格（能使用）	典范
2.体验设计	重点突出	● 任务的重点不明确，或试图反映太多，或混乱的目标或目的所致	● 任务的重点是明确的，它反映一系列有重点的目标	● 任务的重点是明确的，它反映了一个明确定义的、有重点的目标，且需要在学科中应用知识内容和认知能力
	环节连贯	● 任务活动/资源与检查点**不一致**，或**不能始终支持**检查点的完成 ● 任务检查点与最终产品**不一致**，或**不能始终支持**最终产品的完成 ● 最终产品与任务描述/基本问题**不一致**，或者**不能支持**持久理解	● 任务活动/资源与检查点保持**一致**，并**支持**检查点的完成 ★● 任务检查点与最终产品的完成保持**一致**，并**支持**最终产品的完成 ● 最终产品与任务描述/基本问题保持**一致**，并能**支持**持久理解	● 任务活动/资源**支持**检查点的**成功完成** ● 任务检查点**支持**最终产品的**成功完成** ● 最终产品与任务描述/基本问题**紧密结合**，从而**直接促进**持久理解
	提升参与	● 任务的开始（无论是入项事件、活动还是检查点的一部分）**不包括吸引学生注意的"钩子"/入项事件**或其他提升参与度的方式 ● 该任务的大多数部分**似乎没有**为学生的参与提供机会	● 任务的开始（无论是入项事件、活动还是检查点的一部分）都会**引起学生的注意**，但是**不会产生"需要知道"**或者产生关于任务主题的问题 ● 该任务的**一些部分**为学生的高度参与提供了机会	● 任务的开始（无论是入项事件、活动还是检查点的一部分）都会在情感和智力上**强烈地吸引学生**（让他们感到对任务的全情投入），并引导学习者深入探究 ● **任务过程中的许多方面**为学生的高度参与提供了机会

重点突出，这个最好理解。教师都知道，一堂好课不是平均用力，就像是在撒胡椒面，而是重点难点突出的。作为体验设计的一部分，就是要让学生感受到这个重点难点的存在。这里的处理方法和日常教学一样，推荐参考《教师专业发展的4项基本技能：备课、说课、观课、评课》中提到的四个"观课"维度来突出重点："①看课题的铺垫、导入、揭示是否能为解决主要矛盾服务；②看新课是否紧扣特点，抓住重难点，精心设计提问，善点拨，

引导学生从'是什么'过渡到'怎么样''为什么',是否有利于完成从知识结构的构建到思维的发展;③看讲、练、议、评中是否注重教之以法、育之以能、养之以习,让所有学生动其情、促其思、开启智慧之窗;④看板书结构及其归纳功能是否体现学科与教材的特点。"[一]也就是说,教师是否精心设计、重点突出,想要学生可以感知到,跟想要观课教师能够感知到一样,都可以围绕这四个维度下功夫。

环节连贯,因为项目化学习的实施周期比较长,会牵涉到若干课程设计要素的贯通问题。这里分别提到了活动、资源、检查点、最终产品。它们之间的支持关系有三个层面:第一个层面,活动和资源与检查点一致,而且要支持检查点的完成;第二个层面,检查点要与最终产品一致,而且要支持最终产品的完成;第三个层面,最终产品与起到统领作用的项目化学习任务描述和驱动问题一致,而且要支持持久理解。而在这三个层面当中,最关键的有"★"标记的,是第二个层面,因为它需要教师细致地处理每节小课和整个大单元之间的关系,这也是从单课设计转向单元设计的时候对于教师最有挑战性的地方。就像华东师范大学课程与教学研究所教授崔允漷教授说的:"双向细目表把狗进行了分解,狗头考了解,狗身考记住,狗腿考理解,狗尾巴考简单应用,最后考了 100 分都不知道什么是狗。"在项目化学习设计里,教师就是需要通过处理核查点与最终产出的关系,来让学生看到"什么是狗"。

提升参与,就像是学生完成项目化学习全程的加油站。让不同学生有尽可能多的加油机会,就是它作为体验设计的关键。入项、活动、检查点都可以变成吸引学生积极参与的形式。当然,这里的一个重要误区就是,我们要区分"认知积极"和"行为积极"。就像万维钢博士对《我们如何学习》这本书的解读:"积极,是认知上的积极,而不是行为上的积极。教师又是演节目又是弄教具教得挺热闹,但是如果学生在认知上没有感受到新知识的刺激,或者感觉这个刺激太强了跟不上,那再热闹也没用。反过来说,哪怕自己默默地阅读一本书,外表没什么动作内心却是惊涛骇浪,那也是认知的积极。"相信教师都会认同这样的论述。

道理都懂,但是认知积极如何实现呢?推荐使用 2016 年华盛顿大学教育学院的 5D+(五维度)量规中*专门针对提升学生参与的内容,它概括了五种方法:①教师提问的质量;②教师把学习的掌控感让渡给学生;③教师充分利用学生的优势;④教师为学生提供参与和意义建构的机会与支持;⑤围绕学习目标展开师生对话和生生对话。

由于每个班级的学生学习动机水平差异较大,需要教师因地制宜地处理,于是在设计过程中,品控量规便没有给出"★"标记特别强调的内容。

[一] 方贤忠. 教师专业发展的 4 项基本技能:备课、说课、观课、评课[M]. 上海:华东师范大学出版社,2013.

6.1.5 特征设计

第三个维度，特征设计。又被拆分为真实性、开放性、复杂性，见表6-4。

表6-4 特征设计

维度	标准	不合格（不能使用）	合格（能使用）	典范
3.特征设计	真实性	● 任务与学生的经验、兴趣或先前的知识<u>几乎没有联系</u> ● <u>没有提供</u>完成任务的情境/目的	● 任务与学生的经验、兴趣或先前的知识<u>有联系</u> ★● <u>任务模拟一个真实世界的情境</u>（通过与现实世界中成年人的工作建立联系），或者<u>提供一个表层目的</u>（通过解释这个任务在未来将如何帮助学生）来吸引学生参与和完成这个任务	● 任务建立在学生不同的经验、兴趣和/或先前知识<u>基础上</u> ● <u>任务提供了一个真实世界的情境</u>（在这种情境中，学生不仅仅是模拟专业人员的工作，也要创造一个真实的产品）和/或<u>服务于重要目</u>来吸引学生参与学习和完成这个任务
	开放性	● 提示学生完成的最终产品和辅助资源（课文、材料）<u>偏向于特定的回应，或者只有一个可接受的回应</u> ● <u>没有</u>为学生提供选择/决策点	★● 提示学生完成的最终产品<u>允许以不同的方式回应</u>，但是辅助资源（课文、材料）可能<u>预先决定或限制学生回应的方式</u> ● 为学生提供<u>有限的选择/决策点</u>（如主题或资源）	● 提示学生完成的最终产品和辅助资源（课文、材料），<u>允许以不同的方式回应</u> ● 在产品本身和完成最终产品的任务中，为学生提供<u>广泛的有意义的选择/决策点</u>
	复杂性	● 任务作为一个整体是<u>过于复杂的或者要求过高的</u>，或者任务作为一个整体是<u>过于简单的且不是很有挑战性的</u> ● 有<u>太多或太少的检查点</u>来支持学生的任务进展，和/或相关的<u>活动/资源不足</u> ● 检查点内<u>资源和活动的集合，不能为学生提供多个接入点</u>（基于学生的经验、先前知识和认知能力流畅性） ● <u>许多</u>最终产品和/或检查点的<u>脚手架搭建得过多</u>（因此减少了学生的认知负荷）和/或<u>搭建得过少</u>（因此限制了许多学生的可达性）	● 任务的<u>一个或多个元素</u>（例如活动/资源、检查点或最终产品）对于大多数学生来说可能过于复杂或不具有挑战性 ● <u>检查点支持</u>学生在任务上的进度，并且有相关的<u>足够的资源/活动</u>来完成最终的产品 ● 检查点内资源和活动的集合为学生提供了<u>各种各样的接入点</u>，因为它们说明了学生的经验、先前知识、认知能力的流畅性 ● <u>大多数</u>最终产品和检查点都有<u>尽可能少的脚手架</u>（这样学生的认知负荷就可以最大化，同时仍然确保可达性	● 任务作为一个整体，对于学生的年级水平/能力水平来说，具有<u>适当的复杂性和挑战性</u> ● 检查点对学生在任务上的进展是有<u>支持性和目的性的</u>，与之相关的<u>资源/活动</u>也是有<u>目的性的</u>，因为它们有助于推动最终产品的<u>顺利完成</u> ● 检查点内<u>资源和活动的集合</u>为范围广泛的学生提供了<u>多个接入点</u>，因为它们说明了学生的经验、先前的知识和认知能力的流畅性 ● <u>所有的</u>最终产品和检查点都有<u>尽可能少的脚手架</u>（这样学生的认知负荷就可以最大化），同时<u>仍然确保可达性</u>

这三个特征是表现性评价和纸笔测试最明显的区别。我们所说的包含评价设计的项目化学习设计，本身也是属于表现性评价设计中的一种。在格兰特·威金斯和杰伊·麦克泰格合著的《追求理解的教学设计（第二版）》可以找到图6-1中的三个特征，这张图也是理解评估与课程重点关系的重要资料。

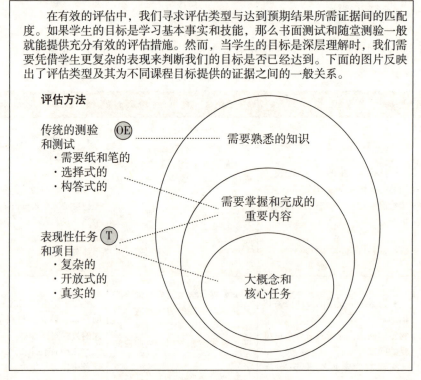

图 6-1 课程重点和评估方法

首先，最容易理解的就是开放性，直白来说，它的意思就是答案不唯一。这里就直接关系到了项目化学习给学生提供选择性，对于包含评级设计的项目化学习设计来说，最重要的开放性，也是其中"★"标记的关键内容，就是要确保在最终产品上，学生有不同的选择。

其次，真实性作为项目化学习的黄金标准之一，教师也相对熟悉。在具体的指标上，又可以从与学生连接的个人真实性以及与情境连接的情境真实性这两个不同的方向进行考量。其中与情境连接的情境真实性是带有"★"标记的关键内容。

究竟什么因素决定了表现性任务的真实性程度呢？美国教育顾问特蕾西·K. 希尔（Tracey K. Shiel）在《设计与运用表现性任务：促进学生学习与评估》中给出了一种解释："主要有两点：首先功能强大的表现性任务得是一个现实世界任务。任务本身是与某个职业或工作相关的作品或表现。也就是说，这份任务，以及完成任务所需的职业或工作背景，都应当是现实世界的反映。如果某表现性任务能够结合课程内容处理学校或社区中的实际问题，其真实性水平就会得到进一步提升，但是这样的机会可遇不可求。其次，强大的表现性任务得拥有一群现实世界的观众。"○ 也就是说，决定表现性任务的真实性程度有两个因素，一个因素是学生是否在模拟"真实专家的工作"，另一个因素是学生是否在面对"真实观众"。

○ 特蕾西·K. 希尔（Tracey K. Shiel）. 设计与运用表现性任务：促进学生学习与评估 [M]. 杜丹丹，杭秀，译. 福州：福建教育出版社，2019.

第六章　包含"评价设计"的项目化学习设计　77

特别需要指出的是，并不是所有的观众都是"真实观众"，而是真正与学生解决的问题相关的人，才能被称为"真实观众"，更准确地说是"真实问题的受众"。概括起来就是一句话，模拟"真实专家"为"真实受众"完成一个"真实任务"，在这一句话里，出现了三个"真实"，第三个"真实"的程度，由前两个"真实"的程度共同决定。

这里借助国外一篇关于情境真实性的探讨的文章提供的三种案例*，又可以把它拆分成三种不同的真实性：分别叫作"教师就能评价""专家才能评价""只有真实世界能评价"。我们不妨把这三种真实性叫作"三板斧"，它是我们在项目化学习设计的时候，做好产出评价（特别是出项活动公开展示）的关键。借用上海《基于区域特色的学校综合课程创造力培养研究和实践》项目指南的三种案例加以说明，见表 6-5。

表 6-5　三种不同的真实性

教师就能评价	**（1）简介** 参观了金融博物馆，你会发现从我国钱庄、银号、票号、典当等传统信用机构发展到现在，金融系统的形式已经发生了巨大的变化，但是有些东西始终没变，鉴往知来，我们才能更加清楚地知道金融系统的本质究竟是什么 **（2）产品** 你们面临的挑战是，作为一个班级，用板报的形式，围绕"金融系统的本质是什么"这一问题，对不同的发展阶段进行再现，并提供具体的信息来支持你们的答案 **（3）过程** 创作这幅板报需要巧妙的组织 首先，请你们分组研究金融系统发展的不同阶段，阅读自己所负责的阶段的材料后，列出 5 个具体的事件，代表你所负责的阶段对于"金融的本质是什么"的回答 其次，你们根据不同阶段的各种证据和回答进行综合，努力达成共识，将你们对于"金融系统的本质是什么"的回答进行整合，把整合出来的共识写进板报里 再次，我们全班将共同努力，建立板报的质量标准，在与班级分享每个小组的作品后，你们将创建一个完整的班级板报，将这些作品组织成一个有凝聚力的整体 在完成板报之后，将测试你们对金融系统改革时期明显存在的巨大利益冲突的理解，以及你们解释这些利益冲突是如何得到解决的能力 作为最后一项任务，在你们的项目日记上写下关于本质问题的随笔：比如不同的时期是否又面临着不同的挑战，究竟是什么因素在推动金融系统的不断发展
专家才能评价	各位同学： 随着手机银行功能的日渐丰富，银行网点智能柜机的不断增多，"点一点"就能办好的金融业务覆盖面也越来越广泛，科技赋能让金融服务不断提速。但在此过程中，老年人的金融服务需求如何得到满足？2020年国务院颁布了《关于切实解决老年人运用智能技术困难的实施方案》，对此我们附近的 ×× 银行营业网点应该如何落地实施？既然你们一直在研究金融系统及其对我们生活的影响，我认为你们完全有资格担任这次落地方案的设计师，以提升 ×× 银行营业网点所覆盖的老龄人口的金融服务体验。 具体而言，这种以"改善"为目标的落地方案设计应包括 6 个部分： 1）主题的设定及目标的确认； 2）现状分析； 3）查明原因； 4）制订并实施对策方案； 5）验证效果及实施追加对策； 6）防止复发策略和完结报告。 这份落地方案设计需要做到：能够说服 ×× 银行营业网点的负责人采用你们的方案。 我认为你们非常适合这次挑战，祝你们好运！ 　　　　　　　　　　　　　　　　　　　　　　　　　　　　你们的教师 ×××

（续）

只有真实世界能评价	2021年8月24日上海市人民政府发布《上海国际金融中心建设"十四五"规划》，强调提升金融科技应用水平，稳步推进数字人民币应用试点，丰富数字人民币应用场景。为什么我们明明有支付宝和微信支付方式，却还需要数字人民币？数字人民币还可能有哪些应用场景？这个项目的挑战是从你们的身边出发，探索适合于青少年学习与生活的数字人民币应用场景，这对你们来说是一个很大的挑战。我会以任何你们认为合适的方式提供帮助，但是记住，这是你们的项目。祝你们好运！

"教师就能评价"的案例，就是量规里描述的"提供一个表层目的（通过解释这个任务未来将如何帮助学生）来吸引学生参与和完成这个任务"。这一类真实性程度的项目化学习，在最后的公开展示环节往往会使用同伴互评的"画廊漫步"形式进行。

"专家才能评价"的案例，就是量规里描述的"模拟一个真实世界的情境（通过与现实世界中成年人的工作建立联系）"。我们可以想象，这一类真实性程度的项目化学习在最后的公开展示环节，确实需要真实的专家来评价，通常会用"模拟评标会"的形式进行。

"只有真实世界能评价"，就是量规里描述的"提供了一个真实世界的情境（在这种情境中，学生不仅仅是模拟专业人员的工作，也要创造一个真实的产品）和/或服务于重要目的"。这个时候，学生和专家的关系，就不再是指导与被指导，而是在这个有挑战性的问题上共同努力的伙伴，这一类真实性程度很高的项目化学习，在最后的公开展示环节，学生需要拿出证明自己解决方案有效的证据，比如前后数据对比或者真实的受众的反馈数据等等，才能避免虎头蛇尾。

关于个人真实性需要特别指出的是，很多时候会误以为个人真实性就是让学生真的做和自己、和家庭、和学校、和社区有关的事情。这种看法忽视了一个前提，就是这件事情对于个人的必要性。项目化学习中所说的个人真实性，不是学生的可有可无的支线剧情，而是学生非走不可的主线剧情，项目化学习让这个主线剧情的体验变得更加深刻。从更深层次来看，这个问题直接关系到我们怎么理解学生在每个阶段的重要发展主题。结合美国的"学习积木"[*]和"学生成长中的发展重点变化"[*]两份研究，在本书编者们所负责的另外一套项目化学习案例合集里给出了建议，也一并附上供教师参考：

10岁之前的孩子：我们建议更多地聚焦在第一层自我管理能力。请注意，它不是管住自己不做什么事情的那种自控能力，而是当孩子自己真心想要做什么事情的时候，可以完成规划、执行、反思的闭环的能力。那么我们的项目化学习也就从这里开始。

11~14岁的孩子：我们建议更多地聚焦在第三层成长思维模式和同伴互动。青春期的孩子的烦恼，从哪里开始？从面对同伴压力不知道怎么办开始，从自己要通过不断努力来掩盖自己不聪明的事实开始。那么，我们的项目化学习也就从这里开始。

15~18岁的孩子：我们建议更多地聚焦在第五层价值观。特别是随着孩子能力越来越强,我们是否可以让孩子感受到他(她)承担的社会责任也在变大,这个世界会因为心明、眼亮、有办法的他(她)而变得更好?那么,我们的项目化学习也就从这里开始。

最后讲复杂性。虽然看上去指标很多,其实只需要把握住一组平衡关系,就是"挑战性与支架性"的平衡关系。坚持支架性不过度的原则下,发现挑战性太大且又无法再降低的时候,可以通过两个动作来实现支架性的微调:①在检查点就开始提供足够的资源和活动支持,支持好了检查点,才能让检查点更好地支持最终产品;②在提供资源和活动的时候,更贴合学生的经验、先前知识和认知能力来进行支持。

6.1.6 交互设计

第四个维度,交互设计,见表6-6。虽然它只有一个标准(即反馈性)、一条指标,但这就是"★"标记的关键内容。它也和目标设计中所体现的"是否平衡了使用能力和培养能力"形成了呼应,毕竟作为"培养"能力,而不是"使用"能力,离不开刻意练习,也就离不开反馈。指标里只是简单列举了形式上的书面反馈与口头反馈,反馈来源上的教师反馈、同伴反馈、自我反馈,但是不要小看这一句话,它充分体现了什么叫作简洁但不简单。

表 6-6 交互设计

维度	标准	不合格(不能使用)	合格(能使用)	典范
4.交互设计	反馈性	● 检查点**没有任何迹象**表明学生将有机会获得任何反馈	★● **某几个**检查点表明学生将有机会获得书面/口头的**教师反馈**	● **所有的**检查点都表明学生将有机会获得反馈;有些检查点表明教师的书面/口头反馈,**有些检查点表明自我反馈或同伴反馈**

根据美国学者简·查普伊斯(Jan Chappuis)在《学习评价7策略:支持学习的可行之道》⊖所做的梳理、反馈,始终在帮助学生梳理三个问题:"我的目标是什么?我的现状是什么?我该如何缩小目标与现状之间的距离?"同时还给出了七个方法,分别对应这三个问题。

当学生不清楚"目标是什么"的时候,教师可以尝试:
①为学生提供清晰易懂的学习目标;
②使用强项和弱项对比的作品示例。
当学生不清楚自己的"现状是什么"的时候,教师可以尝试:

⊖ 查普伊斯(Jan Chappuis).学习评价7策略:支持学习的可行之道[M].刘晓陵,译.2版.上海:华东师范大学出版社,2019.

③定期提供描述性反馈；

④教导学生自我评估和设定目标。

当学生不清楚"如何缩小目标与现状之间的距离"的时候，教师可以尝试：

⑤设计课程时，一次只关注一个学习目标或质量维度；

⑥教学生聚焦迭代；

⑦让学生进行自我反思，让学生追踪和分享自己的学习成果。

有了这三个问题、七个方法，反馈内容的范围就大致明确了。当然，反馈作为一种沟通，除了表达内容，还需要注意表达形式。在表达形式上，推荐参考探月教学手册的四句话原则：

第一句话：遵守好的反馈的六个特征，即具体、及时、紧扣目标、不回避、语言适当、确保是可行动化的。

第二句话：依据量规给出反馈。教师需要确保在使用量规给出反馈之前，已经带着学生熟悉过了量规的表述。如果可以让学生使用量规去评价匿名的不同水平的作品，学生会更好地理解教师想要表达的内容，也有助于学生理解量规对于水平的期待。

第三句话：给出的反馈不局限于量规。量规的语言和反馈语言应该相互补充，为评价增加内容。可以尝试以下七种方法：①为圈出的每一个特定的表现性水平写一条评论；②评论应该尽可能回答你为什么给出的是这个水平而不是其他水平；③反馈应该为学生提供具体的指导，告诉学生可以做些什么来改进；④对于已经达到最好水平的学生，应该指出学生在哪些方面取得了成功，这样学生就可以在以后的表现中保持现有水平；⑤只要有可能，指出具体的例子，从而让学生知道教师从哪里得到证据；⑥反馈应该简洁而详细；⑦如果空间不够，可以考虑使用便利贴写或在背面写。

第四句话：给出的反馈不要代替学生的思考。为了让学生的学习最大化，当教师发现学生思考或工作中的错误或问题之后，在说出教师的解决办法之前，要让学生思考如何解决；如果学生表现出了部分理解，那么学生可能知道如何解决，这个时候学生最需要的，不是教师的答案，而是一个或两个精心设计的问题来引导自己的思维过程。

6.2　三条边：设计中可能存在的极限

在熟悉了设计标准以后，也许就应该直接进入动手设计的部分了。思来想去，还是需要把一段话放在真正动手设计之前。这段话来自于吴军的《谷歌方法论·把事情做好的三条边》："第一条边是基线，你可以理解成直到今天为止人类或者你所掌握的知识。不同人的基线不一样，我们所有的工作，都应该建立在这条线的基础上，并想办法提升它。第二条边是理论给出的极限，它无法突破。第三条边是能够扶着向上攀登的绳索，或者说阶梯。

它需要你把目标拆解为具体的行动步骤,并专注其中。"*

可能教师已经发现了,本书前面几乎所有的内容,都在回应"第一条线",后面要动手设计了,就是在回应"第三条线"了,那"第二条线"在哪里呢?吴军老师强调:"专业人士和业余爱好者的一个差别在于,是否了解极限的存在。"

的确,项目化学习比普通的课程设计要复杂很多,但设计项目化学习这件事情背后,都存在着一些即使最厉害的项目化学习设计的教师也无法突破的约束条件吗?关于这个问题,有如下思考,在此和大家共同探讨。

项目化学习作为项目,和普通课程或者活动不同的地方,就是它里面藏着"项目三角形"。"项目三角形",是由范围、时间、成本这三根线合围的三角形,中间合围出来的就是项目的质量。为了保证项目质量,关于范围、时间、成本这三个要素,任何人都最多只能固定两个,对另外一个保持开放。对于学校的项目化学习而言,往往时间这个要素必须固定住,而质量这个要素谁都不想轻易牺牲,那么就剩下范围和成本这两个要素了。成本不足,范围就必须收缩,要避免项目范围做得过大或者过小,驱动问题就非常关键;如果范围不能收缩,就需要在成本方面寻找更多的支持,才能保证项目的质量。

在真实的项目化学习实施中,项目化学习具有开放性。开放性从本质上来说,就是让"项目三角形"的范围要素变得不太可控,学生想做的事情范围太大,最后只能草草收场的例子比比皆是。这个时候,专家和新手的区别可能就体现出来了。专家的脑袋里有"项目三角形"这个约束条件,就像刘润老师所说的:"项目经理不是魔术师,他的工作不是承诺奇迹,而是防止整个三角形失衡,最大可能地保证项目成功。"这句话也让我们看到了项目化学习设计中具有"动态+平衡"的特点。

它不同于我们常说的课堂的"动态生成",都是担心"撒开了收不回来",日常课堂里想要"收回来",并不依赖于其他外在资源,教师个人内在能力足够好就好;而项目化学习为了确保项目质量,想办法"平衡"回来的极限操作,可能还需要教师能够整合一系列的外在资源。这种"动态+平衡"的特点,可能是我们在思考"第二条边"的时候需要格外注意的地方。

"找不到上下两条线,是蛮干、傻干;找不到第三条线,永远只能纸上谈兵。"吴军老师措辞严厉,我们一起共勉。这也是在真正动手设计之前,一定需要把这三条边放在我们面前的原因。

 6.3 用工具:用一页纸构思设计蓝图

随着项目化学习越来越热门,关于项目化学习设计的工具也越来越多。本书想要提供的工具,是"在一页纸上"呈现项目化学习设计的全貌,这个工具就叫"一页纸"。为什么

"在不在一页纸上"这么重要呢？读了之前的章节，我们可以注意到，从静态的角度来说，项目化学习设计有一系列要尽可能连贯的要素，驱动问题—活动—资源—检查点—最终产品—学科持久理解；从动态的角度来说，项目化学习设计又要在"项目三角形"中找到平衡点，尤其是范围和资源的平衡点。静态和动态这两个角度，都需要教师能够更完整、更全面地思考并审视自己的项目化学习设计。

在使用这个工具"一页纸"进行项目化学习设计蓝图构思的过程中，教师既可以拿出一叠（9cm×9cm）小便利贴和 A1 尺寸（60cm×90cm）的大白纸，也可以随手找一张不大不小的 A4 尺寸（21cm×29.7cm）的大白纸，纸张的尺寸不重要，重要的是帮助自己梳理清楚静态和动态这两个角度。

"一页纸"从"活动灵感"这个起点出发，依次经过如图 6-2 所示的七个步骤。

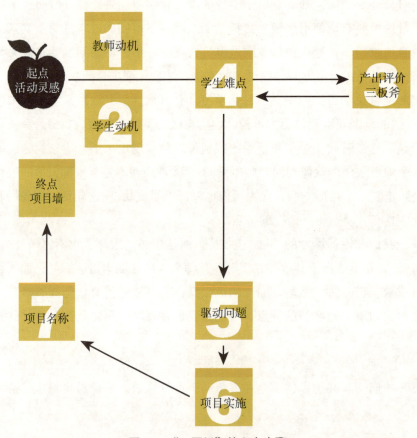

图 6-2 "一页纸"的七个步骤

请注意，"一页纸"所说的七个步骤，是作为包含"评价设计"的项目化学习的"定稿"顺序，前一个步骤不"定稿"，后一个步骤就很难"定稿"。在构思的过程中，可能发现有各种各样的想法都会冒出来。如果冒出来了，不用等，马上把它写下来，归类到相应的位置就好。你可能有了很多颗漂亮的珍珠，我们只是提供一个穿线的方法，让这些珍珠以更漂亮的方式展示出来。

任何工具，如果失去了使用它的人，也就失去了真正的价值。越陌生的工具，我们往往越难感受到它的温度，而只有用它的人才能让这个工具变得有温度。所以，在拆解这七个步骤的过程中，会使用作者"我"的视角，希望大家把接下来的内容当作一次有趣的对话。

6.3.1 教师动机

"在我们进入令人兴奋的、一丝不苟的设计工作之前，首先要沉浸到我们的激情之中。当学生们能够感受到我们对这个话题的激情时，我们就能带来最好的教学。"

这是从美国夏威夷中太平洋学校写在自己学校的《PBL教师设计指南》封面上的第一句话。它是一所把项目化学习评价做得很踏实的学校，但它可能并不是我国教师熟悉的以项目化学习为特色的学校。和它结识，是因为探月也非常重视评价，和斯坦福大学评估、学习与公平中心一直有合作，在请SCALE推荐项目化学习的评价做得很好的学校时，才知道了这所学校，于是邀请MPX来给探月创校团队做了培训。在培训中，MPX学校教师的严谨和热情，给我留下了深刻印象。通过这"第一句话"的位置，提醒每一位教师，教师动机比学生动机对项目化学习的影响更深刻、更持久。

关于教师的动机，我们在之前的内容里已经为教师提供了"前、后、左、右"四个工具：

"**前**"，意义学习，让我们知道我们从哪里来；

"**后**"，问题清单，让我们知道我们到哪里去；

"**左**"，乔哈里窗，连接着我们和学生；

"**右**"，实干家名单，连接着我们和真实世界的专家。

虽然动机听上去很"虚"，但是它可以被落地工作做得很"实"。

这里更值得一提的是，在持续鼓励教师的动机方面，HTH的做法也非常值得借鉴。HTH会把每个项目化学习做成一张明信片大小的卡片*，内容上包含项目的照片、项目的概述、学生的反思、教师的反思等部分。当你阅读这张卡片的时候，就像打开了教师和学生共同的学习日记，生动鲜活。

6.3.2 学生动机

同样的，学生动机说起来也很"虚"，怎么通过一系列落地工作做得很"实"呢？这里推荐两套工具，一套是在教师不熟悉班级的情况下使用，一套是在教师熟悉班级的情况下使用。

前一套是 DIVE INTO INQUIRY: *Amplify Learning and Empower Student Voice*（《深入探究》，

暂无中文版）提到的两份问卷*，一份叫作《共同设计学习》*，一份叫作《重新定义教师的角色》*，如图 6-3 所示。看书名就知道在激发学生的动机方面它有多在意，而探究也是项目化学习的重要特征，正好可以用起来。两份问卷用起来也不复杂，甚至教师可以把班级的统计结果张贴出来，这也是在向学生表达"我看见了你的意见"，下面这张图，就是我曾经张贴在自己教室的统计结果。

重新定义教师的角色

Be passionate about the subject, the students, and the school.
对学科、学生和学校充满热情。

Be fair, and don't play favorites.
公平点，不要偏心。

Be friendly but not a pushover.
要友好，但不要软弱。

Be flexible and consider how busy students are when considering homework, assignments, tests, and due dates.
在考虑家庭作业、学习任务、考试和截止日期时，要灵活考虑学生的忙碌程度。

Teach some real skills – things students will actually use in the real world they keep hearing about!
教授一些真正的技能——学生们在现实世界中实际使用的东西，这些东西他们一直听说！

Offer meaningful lessons and activities connecting to the students' world or lives.
提供有意义的课程和活动，连接到学生的世界或生活。

Make eye contact with students.
与学生进行眼神交流。

Connect with all students, take the time to get to know them, and ask how they're doing.
与所有的学生保持联系，花时间去了解他们，问问他们过得怎么样。

Teach and explain challenging concepts multiple times and in multiple ways (differentiation).
以多种方式多次讲授和解释具有挑战性的概念（差异化）。

Provide hands-on work or something to get students out of their seats, out of the class, or out of the school.
提供实际的工作或其他东西，让学生离开他们的座位，走出教室，或走出学校。

Give praise or props – and not just for academic success.
A teacher should find ways to celebrate every single student in the room.
给予表扬或支持——而不仅仅是学术上的成功。老师应该想办法赞美教室里的每一个学生。

Understand student learning and how different students learn in different ways.
了解学生的学习以及不同的学生如何以不同的方式学习。

Be serious – yet human
要严格——但也要有人情味。

Have high expectations, but be supportive and realistic in striving to achieve them.
要有很高的期望，但是在努力实现它们的过程中要有支持和现实的态度。

Do some storytelling – but not too much.
讲讲故事——但不要太多。

Give time in class for work and for students to get support when they need it.
在课堂上给学生时间去操作，在他们需要的时候给予支持。

Have a passion for life.
对生活充满激情。

Be inspired to teach and "infect" others with your inspiration.
Honor student voice by listening and providing options throughout the course.
用你的灵感去教导和"感染"别人。在整个课程中倾听和提供选择，以此来尊重学生的声音。

Understand students' lives and give consideration to what is going on outside the classroom.
了解学生的生活，考虑课堂外发生的事情。

Provide many ways for students to demonstrate understanding.
为学生提供多种表达理解的方式。

图 6-3 重新定义教师的角色

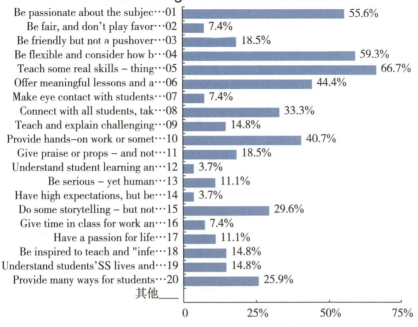

图 6-3 重新定义教师的角色（续）

后一套是来自 HTH 的《学生画像》*。对于没有用过《学生画像》的教师来说，可能需要弄清楚以下三个问题：第一，它和以前我们做的"学情分析"有什么不同；第二，"画好"它的诀窍是什么；第三，"用好"它的诀窍是什么？我们依次来解决这三个问题。

◆ **第一个问题：它和以前我们做的"学情分析"有什么不同？**

学情分析，主要是为了找到班级的整体情况，尤其是不同程度的学生的分布情况，方便做分层设计，在分析的过程中也会注意学生情况的"点面结合"。而"学生画像"可能是为我们提供了另外一种不一样的"点面结合"的方法，不是直接针对整体，也"不为平均水平设计"。这和人们对于"平均"的理解密切相关，请允许我分享一个来自于《平均的终结》这本书中的故事：

> 20 世纪 50 年代左右，当时美国空军认为飞机战损率过高，可是飞机质量没问题，飞行员操作也没问题，最后判断是驾驶舱的设计有问题——飞行员身处其中感觉特别别扭，操作不顺手。
>
> 有人就说，这些飞机的驾驶舱尺寸是按照 1926 年美军平均身材数据设计的，那么现在过去了 20 多年，可能士兵的身材已经变了？于是，空军派人去调查了当时的飞行员。研究者总共调查了 4063 个飞行员，每人测量 10 个数据，然后对这些数据取平均值，算

出了一个美军"标准飞行员"的身材。但是这一次,派去调查的这个研究者多想了一步,他想知道到底有多少飞行员的身材符合这份平均数据?

他给每个数据都设定了一个比较宽松的误差空间,比如说平均身高是 69 英寸(约 1.75 米),他规定,只要一个士兵的身高在 67~71 英寸(约 1.7~1.8 米)之间,就算他"符合"平均身高。

那么在这四千多个飞行员中,全部十项指标都符合平均值的有几个呢?一个都没有。有的人身高合适但是手臂过长或者过短,如果长短合适的,胖瘦又不对。不但如此,哪怕只考察三项指标 —— 脖子、大腿和手腕的周长 —— 也只有 3.5% 的人符合平均标准。

这是非常令人吃惊的发现。我们一般设想,可能大多数人都应该差不多,各项指标都应该接近这个'平均计算出来的标准人'才对,而事实却是没有人是平均人。空军据此下令,必须把飞机驾驶舱里的设施设计成可以根据飞行员身材调节的。最初工程师们还认为这很难,后来还真做出来了 —— 就好像我们现在开的汽车一样,座椅、方向盘、后视镜等全都可调。

所以,人和人的身材的确是各不相同。而如果要是考察大脑的话,那就更不一样了。

当我们说"不为平均水平设计",就是拒绝去为那个不存在的"平均人"设计。

那为什么而设计呢?这套学生画像工具背后的理念是:学习的巅峰体验就像传染病一样,是可以传染的。教师要努力找到班级里可能成为 0 号病人的"0 号学生",然后激活。让他/她去"传染"更多的学生。也许对于新手教师来说,找到这个"0 号病人"并不容易。但是在我们的行政班里,往往学生之间的"传染路径"是相对固定的。可以邀请任教同一个班级的更有经验的教师,帮助一起诊断。

◆ 第二个问题:"画好"它的诀窍是什么?

《学生画像》只有一张 A4 纸,看上去并不复杂。画好它有三个窍门。第一,一定要动手"画"那个左上角的画像。画过以后,和这个学生的连接,立刻就感觉不一样了。第二,重视对这个学生来说有影响力的人或事。当你说不出对这个学生有影响力的人或者事的时候,你想去让这个学生的学习达到巅峰体验,概率是非常低的。第三,千万不要去想学生的缺点。我们看着这个内容,特别像 SWOT 分析。但是,请仔细看:整张画像都没有提学生的缺点。因为往往一想缺点,我们就想去"修理"。这是人的本能反应,要克制住。俗话说"取长补短",得先看到长,才知道怎么补短。所以,画像要关注学生的不仅仅是优势,甚至也可以是"超级潜能"。

◆ 第三个问题:"用好"它的诀窍是什么?

和学生沟通：学生不想看你的"学情分析"，也没法看你的"学情分析"，然而我接触过的所有探月学生，都喜欢看教师给自己的"学生画像"。教师和学生可以坐下来一起聊聊看，这种"看见"就是教育发生的重要条件。

和家长沟通：为了找到"超级潜能"，我喜欢在家长会的时候问家长一个问题："请回忆一个瞬间，你看到孩子身上独一无二的光芒。它触动你，不是因为这束光芒像你，而是透过孩子，你看到了这个世界最美好的样子。"很快能答上来的家长，基本都能很快让孩子被"传染"；答不上来的家长，往往孩子的状况也不太好。而这个问题，就是"看不见孩子"的家长的必答题。

这两套工具让我们看到，在项目化学习设计过程中，在项目化学习进入实施之前，教师仍然有切实可行的工作，可以让学生感受到项目化学习跟自己是有密切关系的。

6.3.3 评价三板斧

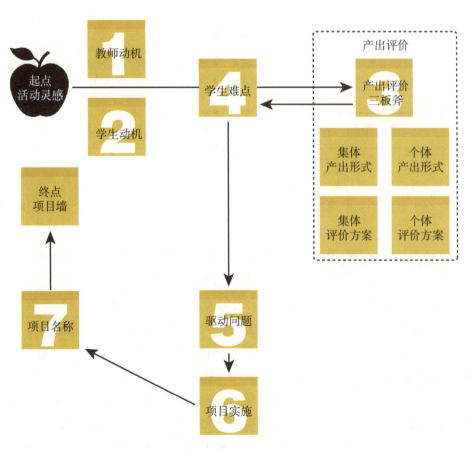

图 6-4 评价三板斧

此时此刻，教师可能结合课程标准、师生动机、学校期待、社区资源等等形成了一个活动灵感,马上就需要进入包含"评价设计"的项目化学习设计最不一样的地方——逆向设计、评价先行。

在格兰特·威金斯和杰伊·麦克泰格合著的《追求理解的教学设计(第二版)》中指出:"逆向设计、评价先行的习惯并不是与生俱来的,并且对许多教师来说是困难的。一旦目标确定,我们更习惯像一个活动设计者或一位教师那样去思考,很容易无意识地进入到设计教学、活动和作业,而没有首先考虑我们需要学生有什么样的表现和作品。逆向设计要求我们克服这种自然的习惯,否则我们的设计可能没有聚焦预期结果或缺少与预期结果的联系,更多地依靠'运气'产生结果,提升学生能力。"该书中"两种思考评估的途径"(见表 6-7)所给出的问题清单,可以用来检查自己当前对于设计的理解更接近于"活动设计者"还是"评估员"。

表 6-7 两种思考评估的途径

当站在评估员角度 进行思考时,我们会问	当站在活动设计者角度 进行思考时,我们会问
● 什么是揭示理解的充足证据 ● 根据既定目标,单元中必须设置什么样的表现性任务,以聚焦于教学过程? ● 阶段 1 的预期目标需要哪些不同类型的证据? ● 应按照什么指标恰当地考察学生的工作并评估其质量等级? ● 我们所做的评估是否显示和区分出了真正理解和看似理解的学生?我清楚学生犯错背后的原因吗?	● 在这个主题下,什么样的活动才是有趣的和吸引人的? ● 关于这个主题,学生希望做什么样的项目? ● 基于所教的内容,我们应该进行什么样的测试? ● 我们怎样给学生一个成绩(并向他们的父母证明这个成绩)? ● 活动开展得怎么样? ● 学生考试考得怎么样?

在设计的过程中,可以使用三个工具:

◆**第一个工具叫"三个圈"。它更像个"杀毒"的工具,避免项目化学习评价和目标的错位。**

只要这个项目化学习涉及学科课程标准,就需要使用这个工具。在前面解读品控量规的特征设计时,就提到了三个圈,这里可以换一种方法来使用。

在格兰特·威金斯和杰伊·麦克泰格合著的《追求理解的教学设计(第二版)》里可以找到如图 6-5 所示三个特征,这张图也是理解评估与课程重点关系的重要资料。

图 6-5 可以帮助我们直观地判断是不是可以使用表现性任务和项目。在这三个圈里,最里圈的"大概念和核心任务"只能使用表现性任务和项目这种评估方法,最外圈的"需要熟悉的知识"不可以使用表现性任务和项目这种评估方法,而中间的"需要掌握和完成的重要内容"则两种评估手段皆可。那么也许老师们要问,可以使用表现性任务和项目评估方法的内容有什么共性特征吗?因为只有知道了这个特征,才能避免误用表现性任务和项目。

第六章　包含"评价设计"的项目化学习设计

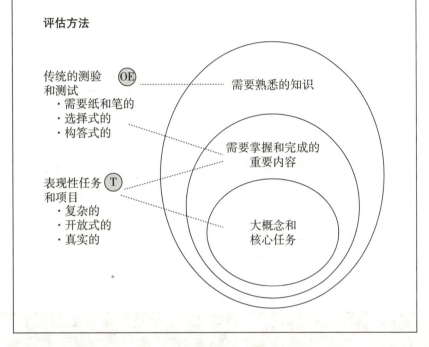

图 6-5　课程重点和评估方法

这里就需要结合"认知能力"这个包含"评估设计"的项目化学习里面需要使用到的专有名词了。前面在介绍专有名词的时候已经提到，认知能力，是指布鲁姆教育目标分类法中的上面三层高阶部分，主要是分析、评价、创造。它和下面三层（记忆、理解、运用）的区别不能只从字面上来理解，上下三层之间的关注点有本质区别，概括来说，下面三层解决"是什么"的问题，上面三层解决"还可以是什么"的问题。

这样就把教师的注意力集中在了课程标准的"认知动词"上，对于下面三层的词语，不允许使用表现性任务和项目。比如，如果课程标准的要求是"记忆"，就算是让学生充分发挥想象力编写成歌曲，它也不是有效的评估。区分"认知动词"是高阶还是低阶，是三个圈这个"杀毒"工具所需要的核心能力。作为一个完整的项目化学习，往往需要学生经历"分析、评价、创造"这一系列的认知过程。如果这个活动中并不包含这一系列的认知过程，或者更直观地说课程标准并没有提出这一系列的要求，那么就不建议使用项目化学习进行教学。

本书编者秦亮在微信公众号"高阶思维课程"中，给出了帮助教师走进深度学习，活化高阶思维的策略，大家可以作为参考。

> 布鲁姆分类法的目的是促进教育走向更高层次的思维方式，而不仅仅是教学生记住事实。对布鲁姆分类金字塔各个层次的观察，可以展示出高阶思维技巧（HOTS）在教育中的应用。那么，我们如何将其融入课堂教学，打造高阶思维课堂？
>
> **（1）什么是高阶思维**
>
> 高阶思维技巧（HOTS）是在美国教育中流行的概念。它将批判性思维技能与低级学习成果区分开，例如死记硬背所获得的能力就是低级学习成果。HOTS包括综合、分析、推理、理解、应用和评估。本杰明·布鲁姆在他1956年的著作《教育目标分类学》中指出，高级思维技能前三名是分析、综合和评估。
>
> 这可能是全美国教师中最著名的教育理论之一。正如《课程与领导力杂志》所述："虽然布鲁姆的分类法不是教学思想的唯一框架，但它是使用最广泛的框架，随后的框架往往与布鲁姆的工作紧密联系……布鲁姆的目的是促进教育中更高层次的思维方式，例如分析和评估，而不仅仅是教学生记住事实（死记硬背）。"
>
> 分类法的级别后来被修订为记忆、理解、运用、分析、评价和创造，见表6-8。低阶思维技巧（LOTS）涉及记忆，而高阶思维技能则需要理解和运用该知识。
>
> 表6-8 布鲁姆的目标分类学表（修订）
>
> | 知识维度 | 认识过程维度 | | | | | |
> |---|---|---|---|---|---|---|
> | | 1.记忆 | 2.理解 | 3.运用 | 4.分析 | 5.评价 | 6.创造 |
> | A.事实性知识 | | | | | | |
> | B.概念性知识 | | | | | | |
> | C.程序性知识 | | | | | | |
> | D.反省认知知识 | | | | | | |
>
> 布鲁姆分类法的前三个级别（通常显示为金字塔，思维的最高级别位于结构的顶部）是分析、评价和创造。这些级别的分类法都涉及批判性或高阶思维。能够思考的学生是那些可以将所学到的知识和技能运用到新环境中的学生。通过各个层次的观察，可以展示出高阶思维在教育中的应用。

○ L. W. 安德森（Lorin W. Anderson），等. 学习、教学和评估的分类学 [M]. 皮连生，主译. 上海：华东师范大学出版社，2007.

1）分析

分析是布鲁姆金字塔的第四层，涉及学生根据自己的判断来开始分析所学的知识。在这一点上，他们开始理解知识的基本结构，并且能够区分事实和观点。以下示例涉及分析水平的两个问题：

分析每条陈述以决定它是事实还是观点；

说明美洲短吻鳄和尼罗鳄之间的区别。

2）评价

评价是布鲁姆分类法金字塔的第五层，要求学生推断各种来源之间的关系，例如论文、文章、小说作品、讲师的讲课甚至个人观察。例如，学生可能会推断出她在报纸或文章上阅读的内容与自己观察到的内容之间的关系。当学生将他们已复习的知识或信息放在一起以创造新的意义或新的结构时，评价的高级思维就显而易见了。

在评价级别上，学生将不再依赖于先前学习的信息或分析教师提供给他们的项目。在教育环境中，涉及高级思维评价水平的一些问题可能包括：

您对_____建议做什么选择；

您将对_____进行哪些更改；

您可以发明什么来解决_____？

3）创造

创造是布鲁姆分类法的最高级别，它要求学生判断思想、项目和材料的价值，要求学生将他们所学到的所有知识集中在一起，以便对材料进行明智和合理的评估。涉及创造的一些问题可能是：

参加当地的戏剧并为演员的表演写评论；

参观美术馆，并就改善特定展览的方式提供建议。

（2）增强高阶思维的教学策略

高阶思维将思维提升到一个全新的水平。使用它的学生正在理解更高的水平，而不仅仅是记住数学事实。他们将必须理解事实，进行推断，并将其与其他概念联系起来。

这里有十种教学策略，可以提高学生的高阶思维能力：

1）帮助确定什么是高阶思维的教学策略

帮助学生理解什么是高阶思维，向他们解释这是什么以及为什么需要它，帮助他们了解自己的优势和挑战。您可以通过展示他们如何向自己提出好问题来做到这一点。

2）连接概念

引导学生完成如何将一个概念连接到另一个概念的过程。通过这样做，您正在教会他们将已经知道的知识与正在学习的知识联系起来。这种思维水平将帮助学生尽可能地学习建立联系，这将帮助他们获得更多的理解。例如，假设他们正在学习的概念是"农历新年"，那么更广泛的概念就是"假期"。

3）教学生推断

通过给学生"真实世界"的例子来教他们进行推理。您可以从给学生一张在厨房里排队的人的照片开始。让他们看一下图片并关注细节，然后请他们根据图片中的内容进行推断。教年轻学生推断的另一种方法是教一个简单的概念，例如天气。让学生穿上雨衣和雨靴，然后让他们推断他们认为外面的天气如何。

4）鼓励提问

在课堂上，学生可以自由地提问，而不会遇到同龄人或教师的负面反应。在课堂上，学生可以自由地发挥创造力。鼓励学生提出问题，如果由于某种原因在上课时未能解决问题，可以向他们展示如何自己回答问题，或者让他们将问题保存到第二天。

5）使用图形管理器

图形组织者为学生提供了一种很好的方式来组织他们的思想。通过绘制图表或思维导图，学生可以更好地连接概念并查看它们之间的关系，这将帮助学生养成连接概念的习惯。

6）讲解问题解决策略

教学生使用逐步解决问题的方法。这种高阶思维方式将帮助他们更快、更轻松地解决问题。鼓励学生使用替代方法来解决问题，并为他们提供不同的解决问题的方法。

7）鼓励创新思维

创造性思维是学生发明、想象和设计他们所想的东西。利用教师的创造力，可以帮助学生更好地处理和理解信息。研究表明，当学生利用创造性的高阶思维解决问题时，确实可以增进他们的理解。鼓励学生思考"开箱即用"。

8）使用心灵电影

当要学习的概念很难时，鼓励学生在脑海中创作一部电影。教他们闭上眼睛，然后像看电影一样拍摄照片。这种高阶思维方式将真正帮助他们以强大而独特的方式理解世界。

9）教学生阐述答案

高阶思维要求学生真正理解一个概念，而不是重复或记住它。鼓励学生阐述他们的答案，并谈论他们在学习什么。这要求家长在家中加强这一点，也可以问一些正确的问题，使学生更详细地解释他们的答案，或者家长用更详细的答案来回答孩子的问题。

10）教"QAR"

问题 - 答案 - 关系（Q-A-R），教学生标记要提问的问题的类型，然后使用该信息来帮助他们制订答案。如果必须在文本中或在互联网上寻找答案，或者必须依靠自己的先验知识来回答，学生必须自己解密问题。人们发现这种策略对于高阶思维是有效的，因为学生会更加了解课文中的信息和他们的先验知识之间的关系，这有助于他们理解需要寻求答案时应使用的策略。

◆ **第二个工具叫"三板斧"，它更像是个"打磨抛光"的工具，让项目化学习设计有更清晰的方向。**

在前面解读品控量规的特征设计的时候，就提到了三板斧，分别叫作"教师就能评价""专家才能评价""只有真实世界能评价"，它是我们在项目化学习设计的时候，做好产出评价（特别是出项活动公开展示，如画廊漫步、模拟评标会，等等）的关键；并且还引用了三个例子，帮助大家理解这三种类型。

"只有真实世界能评价"的项目化学习，在文章 Balancing Real-World Problems with Real-World Results（《平衡真实世界问题与真实世界结果》，暂无中文版）[*]里帮我们用"项目三角形"认真计算过可能性："这些都是实际的问题，需要真正的人或组织提供真正的解决方案。他们让学生直接和深入地参与到对一个研究领域的探索中。这个解决方案有可能在课堂、学校、社区、地区、国家或全球层面得到实际实施。通过现实生活中的问题，学生走出教室，在问题上采取行动，并在他们的社区产生切实的影响。这些作业可以是强有力的学习经历，但是每年完成一两个以上的作业似乎超出了大多数教师和学校的资源（精力、时间和金钱）。"我们都知道，这种类型的项目化学习对学生的成长帮助很大，如果在学校要真正支持每个学生都有这样的学习体验，是存在现实压力的。

这种类型的项目化学习在落地时，更接近于学校综合实践活动课程的做法，2017年教育部印发的《中小学综合实践活动课程指导纲要》指出："综合实践活动是从学生的真实生活和发展需要出发，从生活情境中发现问题，转化为活动主题，通过探究、服务、制作、体验等方式，培养学生综合素质的跨学科实践性课程。"综合实践活动课程作为所有学生都需要参加的课程，学校往往需要沉淀一部分相对固定的资源（精力、时间和金钱）来进行支持，如何在学校课程体系中实现稳定性和灵活性之间的平衡，就成了落地这种类型的项目化学习的关键点。相对来说，把它切换成第二种"专家才能评价"的类型，更有助于实现平衡。

"专家才能评价"的项目化学习，在文章 Balancing Real-World Problems with Real-World Results 里[*]也有详细的介绍："这些挑战将学生置于现实生活的角色中，并要求学生在基于现实或虚构的场景中扮演这些角色。它模拟现实世界的许多元素,作为一种与现有课程材料整合的方式。当学生开始发展这些对于学习和工作都很重要的知识和技能的时候,学生就会开始看到自己在现实生活中的角色。"这个时候,教师最开始积累的"实干家名单"就会开始发挥作用。这也是在项目化学习里面,反复可以听到的"像专家一样思考"的意思。在后面的案例部分,我们会再给大家介绍三种主要的"像专家一样思考"的路径。

既然项目化学习那么在意真实性,剩下的"教师就能评价"的项目化学习是不是就没有什么意义了呢?并不是这样的,在文章 Balancing Real-World Problems with Real-World Results(《平衡真实世界问题与真实世界结果》,暂无中文版)*里也有中肯的介绍:"它提供了一个切入点,进入真实的问题导向学习。它主要用于促进对选定主题的更深入的理解,是通过将现有的课程材料转化为问题格式而制订的。对于习惯于传统教育环境的教师和学生来说,它看起来相当熟悉,也是一个有用的切入点,有助于培养学生主动学习、合作工作、针对具体成果、注重质量标准和努力解决基本问题的能力。"也就是说,对于还没有养成"主动学习、合作工作、针对具体成果、注重质量标准和努力解决基本问题的能力"这些意识的学生,这类项目化学习是很重要的桥梁;对于刚刚接触项目化学习设计和实施的教师,这类项目化学习同样是很重要的桥梁。

◆ 第三个工具叫"合作点"。

非常建议教师从"产出评价"的角度来设计合作。这个时候教师需要追问自己一个问题:"对于学生来说,不合作是不是也能搞定项目?"

这是什么意思呢?项目化学习里面的合作,永远是项目化学习设计里教师最爱也最痛的地方。说"最爱",是因为可以看到学生真实的成长;而说"最痛",是因为教师会感觉自己要处理很多和学科无关的东西,在缺乏支持的情况下,会非常无助。

虽然我们提供了很多的工具,合作的量规、策略,帮助教师进行项目化学习合作设计和实施,但是,如果教师设计了一个学生第一眼看上去就完全不需要合作的项目,再好的工具都会失灵。所以,一定需要教师反复确认,为什么这个项目一定需要合作。如果一定要合作,如何让学生感受到这种合作的必要性。最直接的办法,就是让学生看到小组和个人都有不同的产出,每个人的力量对于最终产出来说都必不可少。

当然,在合作这个问题上,不能杜绝所有问题。毕竟在真实的社会里,人与人之间的合作也是一个不小的难题。我们能够给教师的一个重要支持,就是我们提供一个线上社区,一起"合作"来解决学生合作的问题。我们始终坚信,只有先让教师先体验到合作的美妙,才能让教师在学生合作遇到困难的时候,坚定地支持学生继续合作。

6.3.4 学生难点（见图6-6）

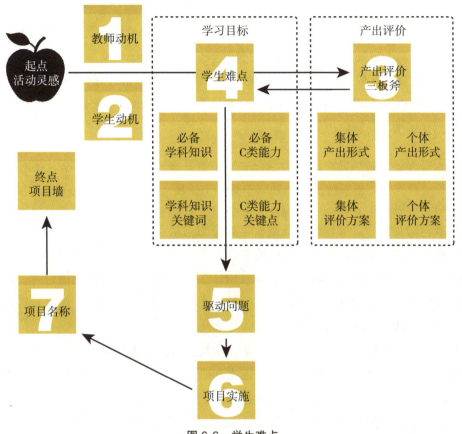

图 6-6 学生难点

如果说上个步骤很像个"项目"，那么现在这个步骤就是避免出现项目化学习有"项目"无"学习"的关键，那就是学生难点。这个时候教师需要追问自己一个问题："对于学生来说，完成项目真正的难点在哪里？"

其实，分清重点、难点，这件事情在日常课堂教学里，教师都很熟悉；但是往往到了项目化学习里，教师就忘记了，总惦记着最后学生做个什么"东西"出来。为什么项目学习不好评估？因为教师的注意力被最后要做的"东西"吸引走了，会忘记这个项目对学生"能力"的真正挑战是什么。

这就好比是我们就算手把手地教学生爬珠穆朗玛峰，他们也爬不上去。为什么？因为学生哪里是不知道爬珠穆朗玛峰的路线啊，很有可能是心肺功能不够才导致了上不去。所以，厉害的教师不会只看着珠穆朗玛峰来想这个项目，而是会非常清楚地知道，这个珠穆朗玛峰项目对学生来说，真正的难点是心肺功能，然后开始持续发展学生的心肺功能，从而帮助学生爬上顶峰。

教师往往擅长评价"东西"，比如一个过山车的轨道，究竟是一米长还是两米长？但是我们的教师往往不擅长评价"能力",比如,过山车的轨道做出两米的孩子,和做出一米的孩子,能力差异究竟是什么?我和很多教师在课程打磨的过程中讨论这个问题的时候,兜兜转转,都会回到学科关键词、核心素养等,除了内容以外,都会回到"分析、综合、评价、创造"这些我们在前面就提到的,能够让一个项目化学习成为项目化学习的高阶思维认知能力。

当这个问题清楚了以后,项目的检查点需要教师重点评估和反馈的"能力"也就清楚了。至于接下来用什么工具评估,我们前面给大家提供成套能力量规,已经随时等着教师取用了:

◇ 批判性思维与问题解决*;

◇ 沟通*;

◇ 合作*;

◇ 创新与创造*。

非常推荐的是,一定要仔细阅读量规里相应的重难点清单和问题。这也是教师用好量规这个工具最关键的地方,那就是——能力也有重难点。相当于它帮助教师把学生在能力发展的过程中常见的误解都标注好了,而且用什么样的问题去推动学生的思考,这些问题清单都准备好了。作为教师,立刻就有了一种站在巨人肩膀上的感觉,这也是推荐这套工具而不是其他工具的原因。

避免出现项目化学习有"项目"无"学习"的关键是,教师需要整理出对于学生来说完成项目真正的难点所在,可以分成必备能力和必备知识两个类别,然后分别写清楚必备能力对于学生来说的重难点、必备知识里学生可能感到陌生的关键词。

至此,无论是评价最终产出的"东西",还是评价学生的知识和能力,我们都做到了让项目化学习的评价有的放矢。这样的评价不是发生在最后,而是贯穿在整个项目化学习的实施过程之中,是一种"学教评一体化"的设计。对于任何课程教学而言,从设计、实施到反思迭代,教师的能力瓶颈在哪里,我们就需要持续去改进哪里,这也是本书要围绕着包含评价设计的项目化学习设计来写的原因。

6.3.5 驱动问题(见图6-7)

驱动问题,是整个项目化学习设计的关键,从这张图里就可以看出来,它既要支持"产出评价",又要支持"学习目标",还要支持"项目实施"。等这张图全部呈现出来以后,我们还会发现,项目名称和关键资源也都需要回过头来和驱动问题进行对齐,这也是汤姆·马卡姆为什么把驱动问题叫作"项目化学习的北极星"的原因。

上海市教育科学研究院夏雪梅博士对项目化学习驱动问题有着深入的研究,如果是第一次接触项目化学习驱动问题的教师,请一定先阅读夏雪梅博士的相关书籍。在实操的过程中,我们会额外增加两个工具来对项目化学习的驱动问题进行"打磨抛光":

第六章 包含"评价设计"的项目化学习设计

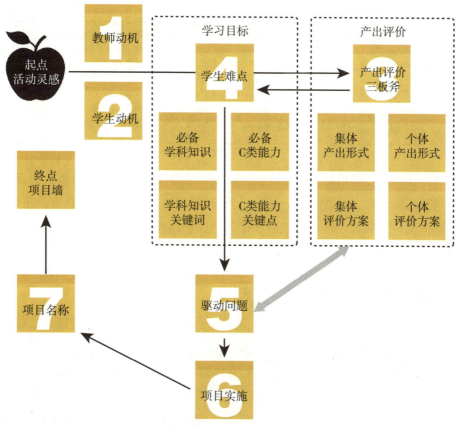

图 6-7 驱动问题

一个工具解决的是如何让驱动问题更明确指向迁移运用;

另一个工具解决的问题是如何让驱动问题更好地统领一系列子问题。

先来看第一个工具,根据前面确定的"是否教师就可以评价"又可以分成两个工具,前者解决"教师就可以评价"的项目化学习如何从学科问题转化成驱动问题;后者解决非"教师就可以评价"的项目化学习如何使用驱动问题让模拟情境或真实情境的行动意图更明确。

前者来自于汤姆·马卡姆的《PBL项目学习:项目设计及辅导指南》,他提供了七个"打磨抛光"基本问题的方向,基本可以解决"明确指向迁移运用"的问题,这里用列表的形式对他的工具进行整理,见表 6-9。

表 6-9 七条打磨原则

序号	打磨原则	打磨前的问题	打磨后的问题
1	避免简单的是非题	登月是不是一场骗局	如何通过科学证据来确定登月是不是一场骗局
2	将"什么"变成"怎样"	图书馆提供什么服务	如何制作网页,帮助九年级的学生有效利用图书馆
3	深入挖掘真实问题	从20世纪30年代,我们能够学到什么	自力更生在当今世界有什么重要性
4	寻找与当今世界相关的重大主题	《新夜》这本小说如何深化你对大屠杀的理解	21世纪的今天,怎样才能避免发生种族大屠杀

（续）

序号	打磨原则	打磨前的问题	打磨后的问题
5	从"认知"向"实践"的转变	美国前五位总统具备什么样的素质	我们如何利用前五位总统的相关知识，让自己在2020年总统选举的投票中变得更有洞察力
6	联系当地实际	河流对人口迁移和人类文化产生怎样的影响	莫农加希拉河如何影响摩根敦的人口安置
7	对当地问题进行批判分析，注意要具体	我们的社区组成有哪些	我们的家庭、学校和城镇如何让我们成为社区的一部分

仔细阅读这些问题的前后变化，我们会发现：当学生都能解答"打磨后的问题"的时候，肯定是已经能回答"打磨前的问题"了。"打磨前的问题"明明也是有价值的好问题，那为什么要把前一个问题"包装"成后一个问题呢？这就牵涉到表现性评价与传统的纸笔测验相比最核心的区别了，表现性评价不是考察"学生知道了什么"，而是考察"学生可以用自己知道的东西做什么"。于是，作为"项目化学习的北极星"的驱动问题，就需要更明确地指向迁移运用。

当然，细心的教师可能还有疑问，即使是打磨后的问题，也不完全符合之前说的驱动问题的常见格式："我们如何，作为＿＿＿＿＿＿（角色），＿＿＿＿＿＿（完成、创造、设计、创建等），达到＿＿＿＿＿＿（目的）？"其中，使用疑问词"如何"，是作为"教师就可以评价"的项目化学习需要守住的底线，在这一类项目化学习里面，学生往往并不需要去扮演专家的角色去完成情景任务，也就很难用上述格式进行表达。而在需要学生扮演专家角色时，这个格式就很容易使用了。

这个驱动问题的格式，可以使用 GRASPS 来进行表述，在格兰特·威金斯和杰伊·麦克泰格合著的《追求理解的教学设计（第二版）》中就给出了一个使用 GRASPS 进行表述的例子，见表6-8。

◇ **目标和角色（Goal&Role）**
作为一个消费者研究小组的科学家，你的任务是设计一个实验，用以确定四个品牌的洗涤剂中哪一个能最有效地去除棉质衣物上的三种不同类型的污渍

◇ **对象（Audience）**
你所要服务的对象是《消费者研究杂志》的检测部门

◇ **情境（Situation）**
你面临两大挑战：①设计实验，使关键变量被隔离出来以供检测；②清楚地呈现实验流程，使检测人员能据此进行实验，以确定针对各种类型的污渍哪种洗涤剂最有效

◇ **产品或表现（Performance/Product）**
你需要按照给定的格式撰写一份书面实验说明，依次说明实验步骤，还要包括实验大纲和图表

> ◇ 标准（Standards）
>
> 你的实验设计需要准确并完整地遵循最佳设计的指标，恰当隔离关键变量，一份清晰准确的关于实验流程的书面说明（也可以是能够协助教师教学的实验大纲或图表），所设计的实验能够使检测人员测试出哪种洗涤剂对哪种类型的污渍最有效

这里就会引出"非教师就可以评价"的项目化学习如何使用驱动问题，以此让模拟情境或真实情境的行动意图更明确的工具。这个工具来自于日本知名逻辑思考大师西村克己的《麦肯锡问题思考力》。对于专家来说，要解决问题的时候，无非是分成三种情况："第一种是解决麻烦。解决麻烦是一种把非正常事态正常化的解决问题方式。第二种是改善。改善是一种通过提高现在的目标值，以获得更好发展的解决问题方式。第三种是改革。改革能使目标值翻倍，彻底改变目前为止的工作方法，能一举达到应有的目标。改善的诀窍是对现状进行分析并查明原因。即便问题点很多，但绝大多数都是一个原因派生出的相似的问题点。查明原因的基础是多问'为什么？'这样我们才会更近一步地接近原因。改革的诀窍是事先规划'目标前景'。此时需要进行思维转换，要摆脱以前的束缚来规划目标前景。在计划阶段，要先确定好终极目标，这是非常关键的。"① 这三种不同的行动意图，可以在驱动问题的用词表述上就加以区分，这本身也是能够"像专家一样思考"的重要体现。

值得注意的是，也许要完全定义清楚什么叫"像专家一样思考"并不容易，但是可以明确的一点就是，真正的专家一定不是在堆砌知识。对于真正的专家来说，不是比知识多，而是比可以用自己知道的知识做的事情多，这与表现性评价的出发点是完全一致的。

如果一定要给专家下个定义，或者说给表现性评价这种追求"用自己知道的东西做什么"的培养方向下个定义的话，推荐参考英国剑桥大学思维基金会前主席爱德华·德博诺（Edward de Bono）在《简化》中的一句话："专家就是因为对应该注意什么、忽视什么了然于胸，从而在简化决策和判断方面成功的人。"② 这也是在信息爆炸的时代，最稀缺的能力。

接下来，我们再来看另一个工具解决的问题是如何让驱动问题更好地统领一系列子问题的。驱动问题不是写完放在那里就好了，驱动问题不是静态的，而是动态的。虽然驱动问题只有一个，但是由驱动问题分解而来的问题串，是项目化学习与其他的以活动为形式的课程的根本区别。特别是低年级的项目化学习，设计得不好，就会无法跟活动区分开来，为什么呢？因为这里面找不到问题驱动的结构，往往就会像"任务拼盘"一样；而高年级的项目化学习，问题驱动会相对容易实现，但是后续的问题串拆解起来还不够严谨。这里推荐使用 QPP（question,problem,puzzle 的简称）这个工具，这也是驱动问题提之所以能

---

① 西村克己. 麦肯锡问题思考力 [M]. 韩亚美，译. 北京：北京时代华文书局，2018.

② 爱德华·德博诺（Edward de Bono）. 简化 [M]. 朱邦芊，译. 北京：中信出版集团，2017.

"驱动"整个项目化学习教学的窍门所在，它来自浙江大学心理学博士采铜的《精进2》○，这里用列表的形式对他的工具进行整理，见表6-10。

表6-10 QPP 三类问题

类型	解释	问题示例	说明
Question	question 往往是表述模糊的问题，它反映了尚未界定清晰的困惑，而一个困惑中的人所问的问题常常不等同于其背后那个真正的、连提问者还没意识到的问题；question 型问题的模糊性意味着可以从多种不同的角度去"回答"（answer），却难以真正地获得"解答"（solve）	如何设计一款太空望远镜	"问题"这个中文词汇是模糊而多义的。在英文中，至少有三个单词都可以译成"问题"，它们是 question, problem 和 puzzle，这三个词的区别可不小：从 question 到 problem 再到 puzzle，意味着问题越来越明确，因此也越来越可能被真正地解决；抓住问题中的主要矛盾，不要管其他次要的、枝节的问题，正是促成这种转变的一个可操作的方法
Problem	problem 指的是可以明确界定下来的问题，因而是可以解答的，但是，problem 依然是开放式的问题，解决方案可以是多种多样的，而且很难判断其中哪个是最优的方案	如何解决太空望远镜的口径大小和运输可行性的矛盾	
Puzzle	在 puzzle 中问题是非常清晰的，是"定义良好"的问题，在清晰的问题之下，判断一个答案是不是最佳答案也变得容易，迷宫图案是 puzzle，灯谜是 puzzle，数独也是 puzzle，乃至我们在中小学时做的绝大部分题目本质上也都是 puzzle（但作文不是 puzzle）	如何借鉴折纸的方法，设计一款太空望远镜的可折叠结构	

我们用 QPP 的这三个词也能说清楚在阅读英文版本的项目化学习资料里总会遇到的一个奇怪的表达：定义问题（define the problem）。如果用中文来理解的话，看上去就很奇怪，驱动问题（driving question）已经在那里明明白白地写着了，为什么还要"定义问题"呢？现在有了 QPP 这个工具，我们就知道，它其实要表达的就是"抓住问题中的主要矛盾，不要管其他次要的、枝节的问题"，这就是中文里面说的"分清主次矛盾"的意思。

采铜在《精进2》这本书里，还把抓住问题中的主要矛盾的能力直接和创造力联系在了一起："讲到这里，我们才可以理解为什么阿奇舒勒说：'创造力就是正确表述问题的技能。'在这里'表述'这个词是富有深意的，它不同于我们一般理解的'表述'，而是指洞穿表象，看到问题内部深层次的技术矛盾，或者说，看到相对立的约束条件，这是真正能够解决问题的方法。归根结底一句话：限制之中蕴藏着信息。当你看到限制时，就可能是在触摸一个问题内在的矛盾，或者为这个矛盾打开了一个认识的窗口。"甚至可以这样说，主观的想象不是创新，接受客观限制才是创新的开始。培养学生创造性地解决问题的能力的秘密，也全部藏在这个 QPP 里面了。

通常来说，好的项目化学习，都能有这样一个 QPP 的三层结构，只是根据学生的程度，我们需要判断学习从哪一层开始更合适。有些时候，教师一开始可能只给出了一个比

○ 采铜. 精进2：解锁万物的心智进化法 [M]. 南京：江苏凤凰文艺出版社，2019.

较模糊的驱动问题，更清晰的驱动问题也是可以和学生一起来确定的，因为能够把驱动问题表述清晰也是学生的分析能力的重要体现。

6.3.6 项目实施（见图 6-8）

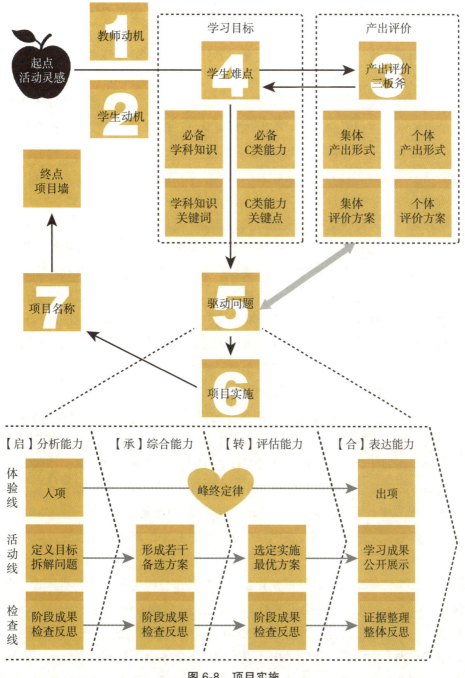

图 6-8 项目实施

从现在开始，就进入项目实施的设计部分了，也是我们在包含"评价设计"的项目化学习设计的品控量规中，反复会提到的"驱动问题 - 活动 - 资源 - 核查点 - 最终产出"的连贯性中最中间的部分了。

从图 6-12 中我们可以看到，其实在项目化学习的项目实施中，是包含着三条线的：

第一条线叫体验线，它从入项开始到出项结束，包括了几乎所有的环节，但是它更多的是从学生的体验管理角度来进行设计，我们通过体验设计蓝图的峰终定律工具，可以进行更好的设计；

第二条线叫活动线，它表示的是学生真正要做的动作，确保最终产出的质量，这里的每个动作背后都有相应的能力目标，分析、评价、创造，这些高阶认知能力一个不落；

第三条线叫检查线，它表示的是针对能力目标和阶段产出，教师需要基于什么样的学习证据对学生的学习进行反馈，同时学生也需要对自己的学习进行反思，就是包含"评价设计"的项目化学习设计的品控量规中第四个维度所突出的交互设计。

先来看第一条线的工具：体验设计蓝图的峰终定律。推荐参考梁宁老师在《产品思维30讲》的介绍*。

对于项目化学习而言，重视入项和出项，原因就是这个峰终定律。入项事件，是在项目的最开始进行的活动，目的是"钩住"学生，提高学生参与项目的积极性。比如实地考察，特邀嘉宾演讲，观察特殊意义的图片或者物品，用诗歌、音乐、视频等媒介引发思考等不一样的学习体验，都是常见的入项事件。与入项事件相对应的，是出项事件，是在项目的最后结尾进行的活动，常常是最终产品的公开展示或者师生集体的反思，目的是庆祝彼此的成长和收获。我们以前结课往往是考试，然而考试结果有悲有喜，是没有办法实现体验管理的，所以就需要创造一个全班每个孩子都可以感受到的东西，对于项目化学习而言，这个东西一定是成长，因此出项就要设计成共同见证了彼此的成长。

梁宁老师所说的"尽量集中资源打造体验的峰值"的做法，也需要教师来认真思考。如果除了一头一尾的入项和出项，在项目过程中还需要让学生体验到一个峰值，那么这个峰值时刻，学生在做什么？我们如何把资源向它倾斜，来加深学生对它的体验？在项目化学习中，这个时刻通常与"尤里卡时刻"有关。所谓"尤里卡时刻"，就是阿基米德在洗澡的时候突然灵光乍现、发现浮力公式的那个时刻喊出的那句"我发现了！我有办法了！"如果教师可以预测"尤里卡时刻"在项目化学习的过程中出现的大致位置，就可以让资源更好地向它倾斜。

再来看第二条线的工具：思维可视化。这个工具来自哈佛大学零点项目的《哈佛大学教育学院思维训练课：让学生学会思考的20个方法》。思维就像个黑盒子，进入到"分析、评价、创造"的高阶思维的范围的时候，教师往往很难把握，需要用一系列方法，将学生思考的证据引出来，才能更好地给学生反馈。哈佛大学零点项目的这套思维可视化工具分成了三类，分别是引入和探讨型思路、综合和系统化思路、深入性和延展性思路，全部都是高阶思维的范围。对于每一个工具，都分成了目标、内容选择、研究步骤、实践和改进、评价、建议、研究案例这七个部分进行介绍。

最后来看第三条线的工具： 在阶段成果检查点方面的三个问题、七句话、四条原则，具体内容可以回看"交互设计"部分的内容，这里就不再重复。在这第三条线上，更重要的是"逆向设计"，为学生设计最终的项目作品档案袋。

"档案袋（portfolio）"这个评价形式，已经在国内做得有些偏差了，最直接的原因是没有理解"档案袋"这个词语的英文。为啥档案袋在国内做失败了呢？学校累、教师累、学生累、家长累，直接的原因都是因为没懂这个英文词的含义。portfolio 是行李箱的意思，行李箱里面，必然塞不下你的全部家当。美国学校做档案袋的时候，还没有网盘。我国学校做档案袋的时候，有了网盘，什么都塞。就算网盘空间无限大，也是一个经过"取舍"的"代表作"，而不是"一锅烩"。而间接的原因，是没有理解当以"档案袋"作为证据进行沟通的时候，我们究竟在沟通什么。如果教师不重新设计在学习过程中产生"证据"的方式，就很难理解素养教育的方法论。教师使用的学习"证据"设计技术究竟是什么？是"扫描"式（现有作业各种学习痕迹全部上传），"打卡"式（很多活动类的"参与"的证明），还是其他的呢？这也是对原有教育评价体系挑战最大的地方。比如我作为教师，看到了学生在合作中表现得很不错，这个可不可以作为证据？答案是不能，为什么呢？我们更加关注的是学生能不能意识到自己有这个能力，用以实现迁移，以及这个证据能不能成为学生继续前进的基石，用以实现稳定可迁移。终究，素养的证据，是为了帮助学生建构素养。具备可迁移性的，才是素养。

其实这个道理和我们写自己的简历是一样的。首先，简历上不可能把自己做的每件事情都写出来，而是围绕自己最核心的能力来梳理自己的经历，这就是学生项目档案袋不能把所有东西都塞进去的原因；其次，好的简历不只是把重要的经历写出来，还需要"加价值"。徐玲就转述过罗砚的例子："比如写项目经验：'与新浪合作，策划新年线下活动，单日参与活动达到 4000 人次。'这个项目是很大，但这在面试官看来远远不够。面试官想知道的不是你跟着公司做了哪些厉害的项目，而是你承担了什么，这些工作锻炼了你的什么能力。最重要的是，这些能力能复用吗？能迁移到新公司里吗？这时候，你就需要把握住'加价值'这个关键点，在后面补充一句：'我从中学习了如何从 0 到 1 策划千人量级的活动。'你看，就这一句话，面试官就能知道你的能力和经验是可以被迁移到现在的岗位里的，并且你对工作是有觉察、有反思的。"这就是学生项目档案袋要注重可迁移能力的表达的原因。我们自己如果不经过罗砚的这个例子，很难马上想到原来这样写简历会更好；对于学生来说，道理也是一样，所以教师需要设计"证据模板"帮助学生沉淀证据。

如果只靠一个作品，不足以展示出学生的目标能力，比如，如果学生只做了一个模型，通过这无论如何都看不出学生的可迁移的合作能力和提问能力，这个时候就需要使用"证据模板"来引出关键证据。能够设计"证据模板"的前提，是教师能够吃透量规，并且能在关键水平的区分上做更细致的设计。比如,以探月项目化学习教师共同设计的合作证据模板为例,见表 6-11。

表 6-11 合作证据模板

一句话概括这个项目(30 个汉字以内)				
从这个项目中学到的 3 至 5 个重要的收获(每句话 15 个汉字以内)				
收获(1)	收获(2)	收获(3)	收获(4)	收获(5)
关于这个项目的最多 4 张图片(其中第 1 张将成为封面)				
图片(1)		图片(2)	图片(3)	图片(4)
WE 我们团队的目标 - 我们的合作方式 - 我们的产出				
证据(1):项目墙				
证据(2):合作规则				
证据(3):最终产出链接				
ME 我的角色 - 我的贡献 - 我的挑战				
证据(1):我的角色				
证据(2):我的贡献				
证据(3):在冲突中我面临的挑战				
证据(4):处理类似冲突时,我之前是怎么做的,而我这次是怎么做的				
US 我们彼此之间的反馈(使用反馈 + 给别人反馈)				
证据(1):描述你从其他组成员收到的一个建设性的反馈,根据反馈,你做了哪些改进				
证据(2):当你看到其他成员的行为或工作中需要改进的地方时,你是否通过提出建议或给予反馈来帮助他们成长,你是怎么做到的				

这份合作证据模板,探月是 MTC(美国的高中素养成绩单联盟)的成员学校,前面的三行"概述 + 收获 + 图片",是 MTC 的统一要求,任何学习证据都必须使用这个开头,它就和我们刚才说到的写好简历的"加价值"是一样的道理,都是为了突出"可迁移性"。

后面的三行"我们 + 我 + 彼此",是探月的项目化学习教师根据合作量规的全部条目(团队目标、团队角色、规则、冲突解决、贡献、产出的质量、用反馈、给反馈)来进行整理的。教师设计了"我们 + 我 + 彼此"这样的结构,避免了学生陷入量规的条目细节,导致只见树木、不见森林;并且考虑到冲突解决能力不容易判断,所以还需要学生增加一个对比的细节"处理类似冲突时,我之前是怎么做的,而我这次是怎么做的"。

用这样的证据模板来整理合作的证据时,教师发现用它来给自己做工作总结模板也很合适，也就是说，学生可以把它迁移到未来的真实的工作场景中，这就是一个好的证据模板。当然，这个时候肯定有低年段的教师要说了，学生年纪太小，都还不会写字，怎么填写证据模板呀？任何需要填写的证据模板，都不适合不会写字的学生，教师在吃透量规的基础上可以做更灵活的设计，用口述加绘画的形式都可以，哪怕是一句"我之前认为……但我现在认为……"都可以，最重要的是用一个结构去帮助学生进行反思，从而让素养"可迁移"。

项目化学习里面，除了合作，需要教师"引出"的证据还很多，这里也沿用我们之前的分类，分成"教师就可以评价"的项目化学习和"非教师就可以评价"的项目化学习两个类别。

相对比较容易设计的是"非教师就可以评价"的项目化学习，因为这类项目化学习里面往往包含"像专家一样思考"或者说创造性地解决问题的过程，所以推荐使用帕蒂·德拉珀在《激发学生的创造性：提高创新思维能力和解决问题能力的实践方法》中的"创造性问题解决过程"，作为证据模板的框架，以列表的形式做如下梳理，见表6-12。

表6-12 创造性问题解决过程

问题→反思自评	1. 考虑问题→我不知道/我认为我知道/我肯定知道
	2. 探索问题→为什么是这些问题，前三个问题是什么
	3. 选择问题→我所知道的/我所发现的，什么是首要问题
解决→反思自评	1. 考虑解决方案→有哪些可能的解决办法，如何解决这个问题
	2. 探索解决办法→前三个解决方案是什么
	3. 选择一个解决方案→我所知道的/我所发现的，哪种解决方案最符合标准
实施→反思自评	1. 回顾愿望和需要→需要哪些资源、材料、方法和技能
	2. 考虑情况→时间、地点和人
	3. 创建一个计划，考虑"如果"→该计划能否逐步实施

这里所分成的三个阶段，与我们在项目实施的三个阶段对应的"分析能力、创造能力、评价能力"是一致的，而且由于完全围绕着"问题"展开，作为创造能力的重要特征也能充分反映。

相对不那么容易设计的是"教师就可以评价"的项目化学习，因为这类项目化学习往往和学科有比较强的关联，证据模板在学科之间的通用性有一定的限制，但是也请教师始终秉承"可迁移"的宗旨来设计模板。在这类项目化学习里，使用的是萨米特的认知能力量规，所以为每条量规都设计了证据模板，方便所有教师取用，这些证据模板设计的前提也是教师吃透量规。比如图6-10是探月的证据模板仓库（我们叫它"金刚钻"）的部分截图。

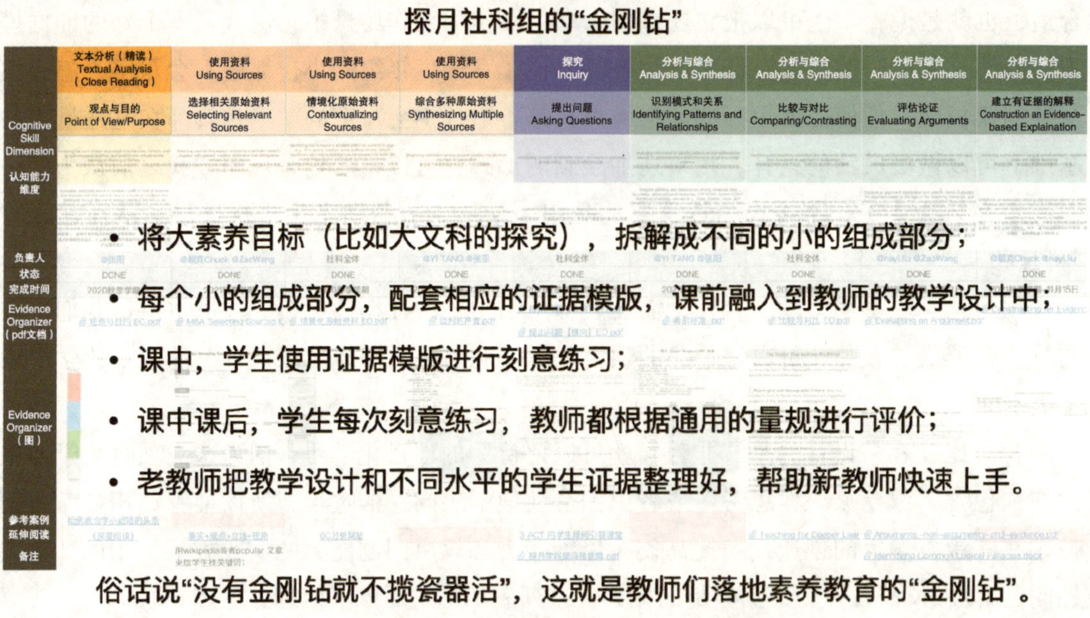

探月社科组的"金刚钻"

- 将大素养目标（比如大文科的探究），拆解成不同的小的组成部分；
- 每个小的组成部分，配套相应的证据模版，课前融入到教师的教学设计中；
- 课中，学生使用证据模版进行刻意练习；
- 课中课后，学生每次刻意练习，教师都根据通用的量规进行评价；
- 老教师把教学设计和不同水平的学生证据整理好，帮助新教师快速上手。

俗话说"没有金刚钻就不揽瓷器活"，这就是教师们落地素养教育的"金刚钻"。

图 6-9 探月的证据模板仓库的部分截图

对于每种能力，都分成了文档、图片、参考案例、延伸阅读等进行整理。具体例子可以去阅读 5.5 节。有了这样的证据模板以后，也可以让阶段成果检查点的反馈变得更加有针对性。

在证据模板的设计上，推荐参考《为深度学习而教：促进学生参与意义建构的思维工具》[○]，可以说是专注课程设计的 UbD（Understanding by Design）专家与专注课程实施的 Thoughtful Classroom（思考力课堂）专家强强联手的，是与教师的教学实操距离最近的一本书。

6.3.7 项目名称（见图 6-10）

项目名称是构思环节里最后一个烧脑的环节了。确定项目名称的时候，需要考虑到三个因素：驱动问题、学生动机、项目入项。驱动问题和项目名称，就代表了这个项目的理性因素和感性因素，能平衡当然是更好的，而要实现这种平衡，往往就需要考虑到学生动机。至于这个项目名称是不是适合，教师想象一下，在项目入项那天，自己向学生介绍它的时候，自己会不会感觉到很期待？如果答案是肯定的，那么它就是一个好的项目名称。

○ 杰伊·麦克泰（Jay McTighe），哈维·F. 西尔维（Harvey F. Silver）. 为深度学习而教：促进学生参与意义建构的思维工具[M]. 丁旭，译. 北京：教育科学出版社，2021.

第六章 包含"评价设计"的项目化学习设计

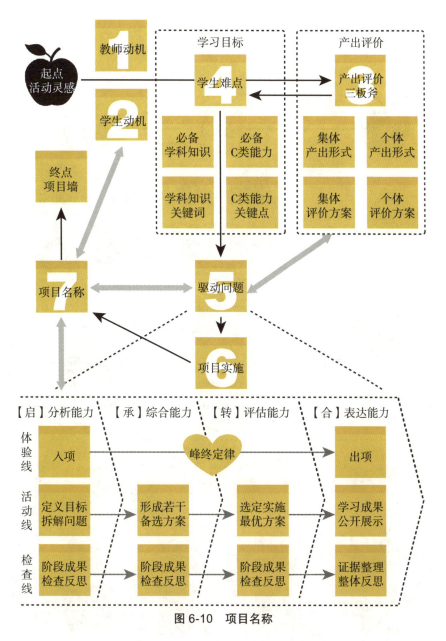

图 6-10 项目名称

为什么会看重这个"项目名称"呢？是不是还记得我们在前面讲到教师动机的时候提到的 MPX 写在《PBL 教师设计指南》封面上的那句话："在我们进入令人兴奋的、一丝不苟的设计工作之前，我们首先要沉浸到我们的激情之中。当我们的学生能够感受到我们对这个话题的激情时，我们就能带来最好的教学。"其实，目前愿意尝试项目化学习的教师，都是学校里最有激情的教师。重视"项目名称"，就是让教师的这种激情更好地让学生感受到。能够让学生在上课之前感受到教师的激情的，就是这个项目的名称了。请大家回忆一下，是不是往往低年段项目化学习的名字都很有趣，但是到了高年段，项目化学习的名字就很无趣了？对于高中教师来说，尤其需要注意"项目名称"。它在帮助教师看见学生的同时，也能帮助教师看见自己。

6.3.8 关键资源（见图6-11）

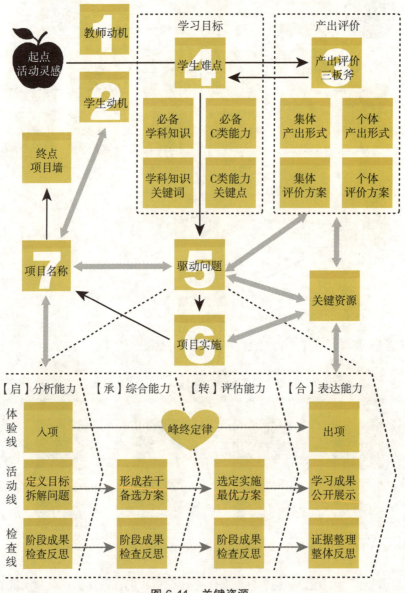

图 6-11 关键资源

到这里，我们马上就要做好用一页纸构思项目化学习设计蓝图的任务了。加上关键资源的梳理，可以让项目化学习的设计更加有灵活性。当然，在梳理关键资源之前，我们需要教师整体看一眼这一张纸，避免陷入资源的细节之中，只见树木，不见森林。教师要怎么看一眼这张纸呢？

教师要思考关键资源支持的东西究竟是什么。不是笼统地说让项目变得更好，而是非常精准地知道为什么这个资源比那个资源更加重要。整体看一眼这张图，我们会理解为什么说项目化学习可以培养学生的4C（批判性思维与问题解决、沟通、合作、创新与创造）能力：合作在右上角进行过判断；批判性思维与问题解决贯穿在项目实施的活动线之中；沟通能力在最后的出项公开展示之中；而作为最创新与创造的能力则需要教师不断强化项目中学生抓住关键问题的能力。正是因为要帮助学生达成这一系列的目标，我们才需要关键资源；与其说我们在排列关键资源的优先级，不如说我们在排列这些目标的优先级，确保资源始终跟着目标走。

6.3.9 项目墙（见图6-12）

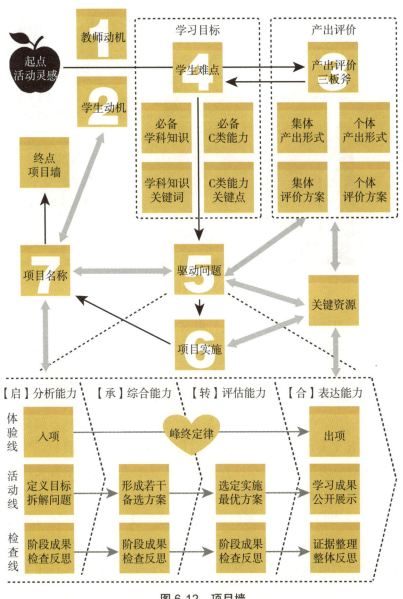

图6-12 项目墙

项目墙，是连接项目化学习的设计和实施的桥梁，在 PBL Works 的网站上可以直接查阅关于它的使用方法的详细介绍*。项目墙是项目关键信息的集散地，即使每个学生都有电子设备，也还是建议教师在教室的空间里一定要布置项目墙，它就像是一张"作战地图"，让教师和学生都可以看到"战场"的全貌，如图 6-13 所示。

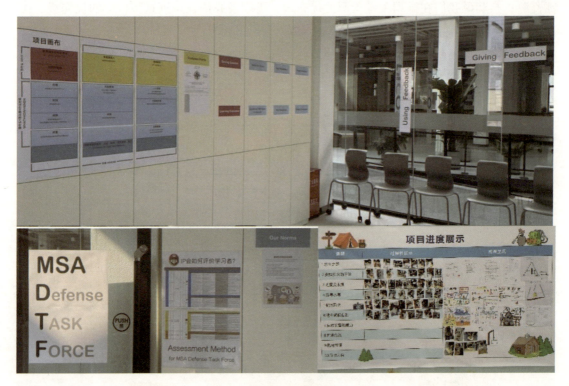

图 6-13　项目墙

不同教师使用项目墙的方法可能不同，根据 PBL Works 的介绍*，通常在项目墙上都会包括以下要素：学习目标、驱动问题、"我们知道的事情"及"我们需要回答的问题"清单、项目日程表/关键日期对应的阶段成果和检查点、评估标准或量规、学科关键词或其他参考资料、过程中的学生作品、最终产品样例、缺席学生的任务，等等。

我们可以引入一个"生成性大小"的视角，来理解项目墙。项目墙的要素中，有些是一旦贴上墙去就几乎不需要修改的，是相对静态的，比如学习目标、驱动问题、项目日程表/关键日期对应的阶段成果和检查点、评估标准或量规、学科关键词或其他参考资料、最终产品样例，这些要素就像是永远不擦掉的板书；而有些要素是需要持续和学生生成的，是相对动态的，比如"我们知道的事情"及"我们需要回答的问题"清单、过程中的学生作品、缺席学生的任务，这就是教师在实施项目化学习的时候需要着重管理的内容。这一静一动的划分，也为教师从项目化学习设计转向项目化学习实施指明了方向。

没有使用过项目墙的教师，可能会觉得这些要素里最不可思议的就是最终产品样例，担心这样做会限制学生的发挥。请相信，不会的。这就像我们接下来给大家的样例一样，最重要的是，让学生带着问题意识去看、去拆样例。

6.4 用案例：带着问题意识拆解案例

当前关于项目化学习的案例越来越多，由于篇幅的限制，这里只示范两个带着问题意识去拆解案例的做法。一个是关于"教师就能评价"的项目化学习，可以理解成在我们的学科课程中发生的项目化学习，问题是关于"在项目化学习中如何兼顾知识评价和能力评价以及如何处理分层教学的问题"；另一个是关于"非教师就能评价"的项目化学习，也就是当我们想要让学生"像专家一样思考"的时候，问题是"在没有专家资源的情况下，如何让学生还能像专家一样思考？"案例本身就很值得仔细琢磨，如果这里所示范的问题恰恰是教师感兴趣的，那就更好了。

6.4.1 "教师就能评价"的案例

问题意识：在项目化学习中如何兼顾知识评价和能力评价，以及如何处理分层教学的问题？

如果教师想要解决上述问题，推荐参考萨米特在 SLP（Simple Ledger Protocol，简单分类账协议）上的案例*，其中包括 4~12 年级不同学科的案例。这些案例在兼顾知识和能力评价的设计方面非常值得借鉴，而且由于评价设计得非常扎实，分层的问题也迎刃而解。请一定先扫描封面上的二维码打开链接查看，再阅读接下来的内容。

先来看如何兼顾知识评价和能力评价的问题。使用学生的视图这个问题可以看得更加清楚，在 SLP 的平台上，任何的学科都是呈现出"一轴四线"的形式，"一轴"就是一条课程轴，"四线"从上到下分别是：第一条线项目，第二条线重点领域知识（与课程标准保持一致），第三条线补充重点领域（针对知识方面需要帮助的学生），第四条线挑战重点领域（针对知识方面想要迎接更多挑战的学生）。在具体内容上，教师需要在第一条线项目和第二条线重点领域知识上建立关联。第一条线解决能力评价问题，后面三条线解决知识评价问题。教师在设计课程的最开始，就需要明确每条线最终在这门课程的成绩中的占比。

再来看如何处理分层教学的问题。知识的分层是一种主动权在学生的分层方法，学生可以在三条知识线之间自行切换；而能力的分层是一种主动权在教师的分层方法，学生只能收到与自己的"标签"一致的那份材料。那么 SLP 的平台上教师究竟会使用什么类型的标签呢？如果使用教师视图，这个问题可以看得更加清楚，在 SLP 的平台上，教师一共使用六种标签，列表整理见表 6-13。

表 6-13 萨米特 SLP 的六种分层标签

基本学习能力	对应一种标签：【需要帮助】
重点领域知识	对应两种标签：【需要帮助】【状态正常】
能力	对应三种标签：【需要帮助】【状态正常】【需要挑战】

"基本学习能力"是指在读写方面存在较大困难的学生，往往需要特殊的支持，而且不只是某个学科，可能在所有学科都需要。"知识"和"能力"两套标签的区别在于，知识比能力少一个"需要挑战"。在逻辑上也很容易解释，作为项目线，关键需要不断提升学生的能力；知识不适合做过度的要求，可以联系到我们前面说的表现性评价不是考察"学生知道了什么"，而是考察"学生可以用自己知道的东西做什么"。你也许会问：如果学生特别想要挑战知识线怎么办呢？那就交给"一轴四线"的第四条线来解决。

这种能力分层方法的最大的优势，就是保持了分层的动态性和连贯性。所谓动态性是指，当学生的能力有提升的时候，任务立刻就会不同，能够更好地匹配学生的水平；所谓连贯性是指，分层教学最大的诟病就是出发点是好的，但是如何避免把学生"锁定"在某个水平状态，才是分层经得起推敲的关键。由于有认知能力量规的支持，教师可以通过分层提供更有针对性的支持。

6.4.2 "非教师就能评价"的案例

问题意识：在没有专家资源的情况下，能否还能让学生像专家一样思考？

答案当然是可以。一些常见的行业专家的思考模式，已经在行业内部形成共识，甚至还改编出了相应的教育版本，这里主要介绍其中的三种：科技工程思维、设计思维、社会设计。

第一种，科技工程思维。它是科技工程领域的专家常用的专家思维，已经被改写成了教育版本，教师可以登录 https://www.nasa.gov/audience/foreducators/best/pdf.html 进行查看。请让我们把网站中整理的工程思维的环节和内容用列表的形式呈现出来，见表 6-14。

表 6-14 科技工程思维

顺序	环节	内容
1	提问	学生找到问题，必须满足的要求，以及必须考虑的约束条件
2	想象	学生们一起头脑风暴，寻找解决方案和研究各种已有想法，也了解前人已经做了什么
3	计划	学生从头脑风暴的列表和可能的设计草图中选择两到三个最好的想法，最终选择一个设计原型

（续）

顺序	环节	内容
4	创造	学生创造一个工作模型或原型，与设计需求保持一致，并满足设计的约束条件
5	测试	学生通过测试来评估解决方案，收集和分析数据，总结在测试过程中暴露出来的设计优缺点
6	改进	根据测试结果学生对设计进行改进，并确定将要做出的修改，同时需要证明修改的选择是正确的

从网址就能看出来，这是美国航天局（NASA）对科学家和工程师们解决问题的方法的梳理。在《新一代科学教育标准》(Next Generation Science Standards，NGSS)里面也有相应的案例。国内相应的资源也非常丰富，用"工程思维"做关键词进行搜索即可。由于本书篇幅的原因，读者可关注未来学校大会的活动，在活动中我们也会做更为详细的案例解读。

第二种，设计思维。它是产品商业化领域的专家常用的专家思维，也已经被改写成了教育版本，教师可以登录 http://www.ideo.com/post/design-thinking-for-educators，甚至在创造力教育专家比尔·卢卡斯（Bill Lucas）教授的 Teaching Creative Thinking（《教授创造性思维》，暂无中文版）里为每个环节细致地配上了引导学生思考的问题，下面把比尔·卢卡斯教授引导问题和设计思维的环节用列表的形式呈现出来，见表6-15。

表6-15 设计思维的环节及其引导问题

顺序	环节	引导学生思考的问题
1	发现	我遇到了一个挑战，我如何进一步了解它
2	阐释	我学到了一些东西，我如何阐释它
3	创意	我看到了一个机会，我如何创造它
4	试验	我产生了一个想法，我如何实现它
5	改进	我尝试了一些方法，我如何改进它

另外，推荐关注微信公众号"同济黄浦设计创意中学"，它是国内系统性地使用设计思维的学校，在学校官方微信公众号可以看到相关案例。当阅读多个案例时，更容易发现设计思维的共性。由于本书篇幅的原因，读者可关注未来学校大会的活动，在活动中我们也会做更为详细的案例解读。

第三，社会设计。它是社会创新领域的专家常用的专家思维，暂时没有被改写成教育版本。可以参考《社会设计：用跨界思维解决社会问题》[○]，下面把书中整理的社会设计的环节和内容用列表的形式呈现出来，见表6-16。

○ 筧裕介. 社会设计：用跨界思维解决社会问题 [M]. 李凡，译. 北京：中信出版集团，2019.

表 6-16　社会设计

顺序	环节	内容
1	丛林探访	借鉴前人的智慧与经验，把握丛林的全貌
2	体察与倾听	倾听丛林里的居民、管理者和活动家的声音，设身处地看待社会问题
3	绘制地图	以探访和倾听所得的信息为主要参考，将丛林的全貌绘制成地图
4	选择立足点	选择、决定在何处筑路
5	寻找同伴	召集丛林居民、专家等共同筑路的伙伴
6	构思路径	团队共同构思创意，验证创意，将创意具体化
7	筑路	和伙伴们一起筑路，并不断完善

第一眼看上去，往往会感觉社会设计和设计思维非常像，好像都是用一个产品或者一个方案解决一个真实的人群的问题。它们之间的关键区别是，不能只看产出，而要看达成这个产出是不是非常依赖对外部资源的整合，也就是表格当中的第 5 步"寻找同伴：召集丛林居民、专家等共同筑路的伙伴"。社会设计更像一个"石头汤"的故事*。我们可以通过探月学院的一个项目化学习案例，来了解项目是怎么成为"石头汤"的，如图 6-14 所示。

图 6-14　学生集体完成的项目出项展示海报

这个项目的设计和实施的负责教师，在接受《教育家》杂志记者采访时是这样解释为什么会给春季入学的这十一名学生设计这样一个项目化学习的：

"项目化学习黄金标准之一的真实性，其中有一种叫作个人真实性。它的意思就是与学生个人兴趣和生活中的问题相关，或者是关系到学生所在社区的需求、价值、文化等。个人真实性的项目化学习，不是学生的可有可无的支线剧情，而是学生非走不可的主线剧情，项目化学习让这个主线剧情的体验变得更加深刻。高中答辩是对素养进行评价的一种方法，对于国内外的学生来说都比较陌生，探月可能是国内为数不多的有素养答辩的地方。春季入学的学生，比秋季入学的学生适应探月学习的时间更短，如果春季新生用一个学期的时间通过了答辩，那么他们一定是全国甚至全球最快理解答辩的高中生了。当学生进行以输入为目标的学习的时候，了解探月设计答辩的背景，了解师兄师姐的答辩故事，就是最好的探月社区融入；而当学生进行以输出为目标的学习的时候，就是对探月社区的最用心的付出。也就是说，如果我是投资人，我想要解决帮助探月社区内外更好地理解答辩的问题，投资给这些学生，一定会得到想要的结果；把所有的资源慢慢向这些学生汇聚，就一定会有'尤里卡时刻'的出现。从学生访谈家长访谈、教师访谈到关键资源链接，我们发动了社区内外几乎所有的资源，这个过程就像是'石头汤'的故事一样。我想，以后每年探月做答辩动员播放这个短片的时候，我都会想念这群春季入学的学生们。"

6.5 用模板：让设计能力被完整看见

无论是用工具还是用案例，它们都是在教师精通项目化学习设计以后就不需要依赖的东西。然而，用模板不一样，哪怕再精通项目化学习设计的教师，最后也需要使用一套模板，把自己的设计呈现出来。

项目化学习课程设计的模板有很多不同的版本，大同小异，这里推荐使用的模板是根据《PBL 项目学习：101 工作手册》里面的两套模板"项目设计：概览"和"项目设计：学生学习指南"融合改编而成（"概览"是更宏观的项目主要信息介绍；"学生学习指南"是更微观的以检查点为单位，设计有脚手架支持的教学活动，进行形成性评估和反馈，确保"驱动问题—活动—资源—检查点—最终产品—学科持久理解"的连贯。在《PBL 项目学习：101 工作手册》中提供了一个模板填写的范例可供参考。需要指出的是，两个表格是相辅相成的，对于最开始尝试项目化学习的教师，可能注意力都在第一张表格"概览"上，但是真正能否让学生的能力得以发展，完全要看第二张表格"学生学习指南"上），如图 6-15 所示。

项目名称				时长		
涉及学科或课程				年级		
对应课程标准				教师		
能力目标	☐ 协作能力	☐ 沟通能力		☐ 批判与问题解决	☐ 创造与创新	☐ 其他 _____
学生难点	知识					
	能力					
项目概述						
驱动问题						
所需资源	人员	场地		设施	材料	社区资源
入项事件						

	评价组成	发生课节	学习证据（学生交什么东西）	评价工具（量规、纸笔测试、技能"执照"等）	反馈设计 自评/互评/师评 观众评/专家评
过程评价 个人	创新（％）	确定能力量规的子能力维度 5-7个		粘贴能力量规相应4级水平	
阶段成果 个人 或 集体	___（％）				
	___（％）				
	___（％）				
最终成果 个人 或 集体	___（％）				
	___（％）				
	___（％）				
	___（％）				
出项反思	个人				
	小组				
	班级				
备注					

图 6-15　项目化学习课程设计的模板

第六章　包含"评价设计"的项目化学习设计

之所以会推荐这套模板，是因为它和我们的包含"评价设计"的项目化学习设计品控量规吻合。从目标设计，到体验设计，到特征设计（真实性、开放性、复杂性），最后到交互设计，都能有完整的呈现。对于教师来说，可以对照品控量规对自己的设计进行自我评估。当然，前面也提到了项目化学习课程设计的模板有很多不同的版本，教师可以根据自己的方式去调整。

 6.6　本章小结

本章是全书最核心的内容：

"抓标准"：既然是包含评价设计的项目化学习设计，我们就要从评价自己的项目化学习设计能力开始。我们介绍了由萨米特的品控量规改编而来的量规，从目标设计，到体验设计，到特征设计（真实性、开放性、复杂性），最后到交互设计，从四个维度完整地衡量教师的设计能力，同时也为不同基础的教师规划了不同重点的学习路径。

"三条边"：让教师看到了项目化学习和其他的课程设计最关键的不同，就是里面藏着"项目三角形"，这就让项目化学习设计具有更明显的"动态＋平衡"的特点。

"用工具"：给教师提供给了一种用一页纸去构思自己的项目化学习设计蓝图的方法，用七个步骤（教师动机、学生动机、评价三板斧、学生难点、驱动问题、项目实施、项目名称），帮助教师把原本就有的活动灵感转化成一个包含"评价设计"的项目化学习设计。最后的项目墙则是连接项目化学习设计和实施的桥梁。

"用案例"：因为篇幅的关系，示范了带着问题意识去解读案例的做法，也顺便打消了教师在项目化学习教学里不太敢给学生看作品范例的顾虑。具体的案例请读者关注未来学校大会的活动，在活动中我们也会做更为详细的案例解读。

"用模板"：无论是"用工具"，还是"用案例"，都是教师在设计能力不够的时候用的辅助方法，而最后的"用模板"，则是最厉害的教师也不能回避的环节。结合品控标准，我们为教师推荐了一套改编自《PBL 项目学习：101 工作手册》里的模板。模板，是让教师的设计能力被完整看见的重要方式。

我们可以想见，在教师真正掌握了包含评价设计的项目化学习设计以后，本章最有价值的，就只有"抓标准"和"用模板"一头一尾两个部分了。其实本章内容的安排，也是期待让教师感受到培养能力的方法——有标准、有支架、有证据，再加上有反馈，就只差刻意练习、不断精进了。

CHAPTER 07

第七章　包含"评价实施"的项目化学习实施

 ## 7.1　有标准：标准尺有所短，寸有所长

虽然实施不是本书的重点内容，但是这里还是想继续用"评估"这个视角，来帮助教师"迁移"理解项目化学习实施的要求。

PBL Works 提供了项目化学习教学量规*，除了"设计规划""符合课程标准"这两个维度和项目化学习设计有关以外，其余的"文化营造""活动管理""学习支架""评估学习""教练互动"这五个维度都与项目化学习实施有关。在水平上划分了"初学者""进阶者""精通者"这三个水平。这是一套非常全面的量规，比如细读其中的指标内容，会发现它把设计和实施混合在了一起，比如"活动管理"的"时间安排是否合理"，这本身就和设计的关系更大，正是由于这种全面性，它在量规的名字上也没有区分为设计和实施，而是以"教学量规"来称呼它；而恰恰因为全面，"尺有所短，寸有所长"，让教师推动自己向项目化学习教师"转变"的过程，反而作用不那么明显。

与项目化学习设计不同，它对于大多数教师来说的确有很多的新知识、新技能，而项目化学习实施中间，并没有特别多的新知识、新技能。或者说，教师不熟悉项目化学习实施，不是因为不熟悉项目化学习本身，而是缺少在探究学习和合作学习这些教学形式中所累计的教学实施能力。

这是什么意思呢？

我们回顾一下汤姆·马卡姆提出的与普通教师相比项目化学习教师更加需要的七个必备能力：①理解世界级的 PBL 教学法的能力；②创造关怀的班级文化的能力；③从教师变为教练的能力；④使用人员管理工具的能力；⑤让团队合作富有成效的能力；⑥知道如何教授和评估 21 世纪能力的能力；⑦重视反思与迭代的能力。

汤姆·马卡姆归纳的三个角度：

第一个角度，项目化学习是一个由教师的知识驱动的"教学过程";
第二个角度，项目化学习是一个由教师的管理能力支撑的"引导过程";
第三个角度，项目化学习是一个由师生的开放沟通搭建的"互动过程"。

结合七个必备能力和三个角度，我们已经找出以下的关联：①作为"互动过程"的项目化学习所需要的教师能力，比如能力②⑦，更接近人们对于传统教师的印象，也就是说如果在传统教学中，教师本身具备这些能力，那么对使用项目化学习教学会更有帮助；②作为"引导过程"的项目化学习所需要的教师能力，比如能力③④⑤，看上去都已经超出了人们对传统教师的印象，更加接近企业里的中层管理者的能力，这就是前面"换角色"重点讨论的内容；③作为"教学过程"的项目化学习所需要的教师能力，比如能力①⑥，都需要教师具备更丰富的关于项目化学习、关于评价的新的知识。

比如这里的"②创造关怀的班级文化"和"⑦重视反思与迭代"，即使教师不使用项目化学习，它对于原有教学实施也很重要；其他的"③从教师变为教练""④使用人员管理工具""⑤让团队合作富有成效""⑥知道如何教授和评估21世纪能力"，才是教师从原有教学实施向项目化学习教学实施"转变"所需要重点支持的能力。

如果一个教师在合作学习的实施方面有相应的积累，可能"⑤让团队合作富有成效"就不成问题了；如果一个教师在探究学习的实施方面有相应的积累，可能"③从教师变为教练"也就不成问题了。这样一来，北京师范大学教育创新研究院和探月教育共同研发的《卓越教师教学能力标准》*，在"教学实施场景"中，关于"营造学习环境""引导探究学习""开展合作学习""支持自主学习""促进迁移应用"的内容，对教师积累能力的帮助会更大一些。

这也是本章的内容中我们不是"抓标准"而是"看标准""抓转变"的原因所在。

7.2 抓转变：自己就是秋天的一棵树

在以往的教学实践中，我们被一线教师问得最多的问题，就是如何成为未来教师？其实我们也不太敢"直接"回答这个问题，因为谁也没见过未来教师。

要是有个哆啦A梦，让我们去未来看一眼就好了！就是因为谁也没见过，教师的学习问题一下子就变得特别麻烦：我们为什么以前叫教师培训，现在叫教师专业发展、专业学习呢？直白的解释就是，因为以前培训，照着已有优秀教师的样子来培训就好了；但是未来教师没有具体的榜样，我们不知道应该照着什么样子培训。我们知道过去，也知道现在，但是未来我们谁都没去过。如果还用培训的逻辑就行不通了，所以就叫专业发展、专业学习了。

这让我们想到了亚马逊创始人杰夫·贝索斯（Jeff Bezos）的一句话："我经常被问到

一个问题：'未来十年，会有什么样的变化？'但我很少被问到：'未来十年，什么是不变的？'我认为第二个问题比第一个问题更重要，因为你需要将你的战略建立在不变的事物上。"因此，我找到了一个"间接"回答上述问题的方法：对比自己进入创新教育前后，找出究竟什么样的能力（特别是教学能力）依旧好用？这个间接的方法，在理解项目化学习教学实施的过程中格外好用。因为掌握包含"评价设计"的项目化学习实施，对于任何教师来说都不是零基础的。

然后就有了接下来的发现："把自己想象成一棵树。"

成为未来教师的过程，就像是一棵秋天的树，它需要经过冬藏、春种、夏长，才能换来新的秋收。这棵树的不同部分，就代表着组成教师能力的不同部分。

树根是信念品格；树干是万用能力，也就是说哪怕离开教师这个行业，树干代表的万用能力，依然是我们在各行各业做好事情的关键；树枝是可复用的专用能力，它代表的意思是，如果这些教学能力足够过硬，掌握新的教学方法就相对容易；树叶代表的是不可复用的专用能力，它就不能陪我们进入下一个季节了。

说到这里，你就会发现问题所在了。现在我们看到的铺天盖地的新方法，都只是告诉我们下一个季节有很多的新叶子，对呀，谁都知道，春天当然会长很多的新叶子，但是现在很少有人告诉我们如何度过冬天，毕竟根深才能叶茂！

对于项目化学习的实施来说，我们也需要梳理清楚使用项目化学习前后"相同"的不变能力（即"树枝"），和项目化学习前后"不同"的可变能力（即"树叶"），才能更好地实现"转变"。

7.2.1 第一类：树枝型能力

要理解使用项目化学习前后教学实施"相同"的不变的"树枝型"能力，汤姆·马卡姆所概括的作为"互动过程"的项目化学习所指向的两项能力"②创造关怀的班级文化"和"⑦重视反思与迭代"，是我们理解"树枝型"能力的一个重要突破口。接下来，我们逐一来分析：

说到"创造关怀的班级文化"，班级文化对于学习的重要性不言而喻，但是教师可能会觉得不太好找到改进的抓手。在前面讨论项目化学习教学设计的时候，与学生的问卷"共创"，是一种在进入设计之前就能让学生感受到被看见的方法；那么在项目化学习教学实施阶段，我们也相应提供一个框架，帮助教师理解班级文化改进的抓手。

这里推荐的工具是 Thoughtful Classroom（思想力课堂）的框架*。之所以推荐它，是因为它以相对灵活的方式，区分了课程的"实施环节"与确保课程效果有助于课程实施的"基础因素"。前者会随着教学策略的更换而产生变化，后者对于教师来说则具有相对稳定性，无论教师使用什么样的教学策略，都会对课程的效果产生影响。后者所关注的角度，类似于我们理解"文化"的角度。这些"基础因素"被更细节地区分为了四个维度，每个维度都给出了相应的驱动问题、教师行为指标以及如果教师做到了这些行为，相应地可以从学生身上观察到什么样的变化，也给出了用于评价教师表现的量规。这里仅列出四个维度以及相应的驱动问题。

（1）组织、规则和流程：你如何组织课堂来促进学习，以及建立规则和流程来明确期望？

（2）积极关系：你如何在师生之间、生生之间，建立深度且有意义的关系？

（3）投入度和愉悦感：你如何激励学生做出最好的作品，并激发学生对学习的热爱？

（4）思考与学习的文化：你如何建立一种促进严谨学习和复杂思考的班级文化？

这四个维度就是一个教师在切换不同的教学策略时，始终都会对新的教学策略实施起到基础作用的因素。建议可以对照 Thoughtful Classroom 的指标，对自己进行相应的评估；也可以在听课、评课时，带着自己想要提升的维度去听课、评课，从其他教师身上学习。而且由于 Thoughtful Classroom 的这套框架同时关注了可以从学生身上观察到什么样的变化，这些也会让教师自己听课、评课的能力有所提升。

接下来，我们来看"重视反思与迭代"。反思在教师专业发展中的重要性有目共睹。反思甚至被认为是在教师专业发展中"被证明能让所有教师做到最好的培训项目"，推荐大家参考英国教师的必读书《反思性教学：一个已被证明能让所有教师做到最好的培训项目（30周年纪念版）》，特别是其中的"反思性教学实践流程"，如图 7-1 所示。

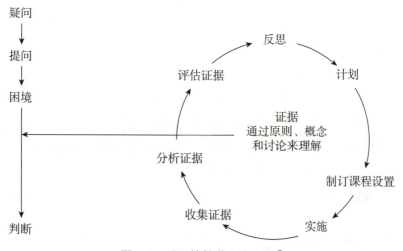

图 7-1　反思性教学实践流程

图 7-1 让我们直观地看到，反思不是一个孤立的动作，而是一个由问题驱动、用证据说话、以行动闭环的完整系统。如果结合本书在第五章介绍的项目化学习的"磨课协议"

安德鲁·波拉德（Andrew Pollard），等.反思性教学：一个已被证明能让所有教师做到最好的培训项目，30 周年纪念版 [M].张蔷蔷，译.北京：中国青年出版社，2017.

就能发现，在帮助教师清晰地表述自己的困境方面，也是在共同形成合力。而且如果结合第六章我们介绍的 QPP 工具时引用的那句"创造力就是正确表述问题的技能"还能发现，反思性教学实践流程就是在帮助教师变成更有创造力的人。这也是本书强调在行动中要带着问题意识去拆解项目化学习案例的根本原因。

创造文化的能力和反思迭代的能力，在教师专业发展的过程中，都属于变化比较"慢"的能力。在当下，项目化学习这个新的教学策略迎面而来的时候，无论是学校还是教师，可能都无暇顾及这些"慢"能力。我们说"路遥知马力，日久见人心"，随着时间的推移，真正能把项目化学习这个教学策略扎根在自己课堂里的，一定是这些具备"慢"能力的教师和学校。

7.2.2 第二类：过渡型能力

项目化学习与普通课程教学实施相比，最大的不同在于"探究"与"合作"。这两个词语，我们的教师也都或多或少听说过甚至实践过。那为什么不把它放在我们的"树枝型能力"里面，而是放在这个"过渡型能力"里呢？

是因为在我们过去的实践中存在着一定的误区，这也是在参与北京师范大学教育创新研究院和探月教育共同研发的"卓越教师教学能力标准"项目的时候收获的重要启发：用探究的方式来学习，不等于培养探究能力；用合作的方式来学习，也不等于培养合作能力。

本书在前面也用过一个比方，我们每天都在呼吸，都在"使用"我们的心肺功能，而这不等于"培养"心肺功能，因为"培养"需要突破舒适区，进行刻意练习，比如要坚持做一些适当强度的体育锻炼，才能有效"培养"心肺功能。虽然使用能力和培养能力都可以评估能力，但是"培养"需要刻意练习。

也就是说，对于"探究"和"合作"而言，我们不是把它当成调动学生学习积极性的手段，而是把它当成目标来培养。如果之前把"探究"和"合作"当成目标，那在项目化学习中，它们就是课程实施的重要助力。而如果之前把"探究"和"合作"当成手段，就需要稍作调整，这也是《卓越教师教学能力标准》在相应的"2.2 引导探究学习"和"2.3 开展合作学习"内容中重点解决的问题，也推荐去查阅标准文件，这里不做展开。

7.2.3 第三类：树叶型能力

要理解使用项目化学习前后教学实施"不同"的变化的"树叶型"能力，汤姆·马卡姆所概括的作为"引导过程"的项目化学习所对应的三项能力"③从教师变为教练""④使用人员管理工具""⑤让团队合作富有成效"，是我们理解"树叶型"能力的一个重要突破口。这可能也是有一定教学经验的教师在项目化学习课程实施的过程中最关心的内容。仅仅从名称上看,这些新的能力更像企业里的中层管理者的能力。

为什么需要教师具备这样的能力呢?因为中层管理者在企业里就像一个"时间转换器",专门负责把未来的目标分解成当下的行动。这与"项目化学习"和"大单元"这种以更长的时间单位来进行设计的课程的逻辑更加接近。在项目化学习里面,教师也需要工具来完成这种"时间转换",如何让学生看到未来目标和当下的行动之间的对应关系呢?再考虑到项目化学习课节与课节之间,肯定存在一定时间间隔,如何让学生能够快速地"书接上回",也是实施中每节课都会遇到的问题。这也是 PBL Works 会提到"项目墙"这个工具的原因。

在前面介绍包含评价的项目化学习设计的部分,我们已经提到,"项目墙"是连接项目化学习设计和实施的桥梁。也引入了"生成性大小"的视角,来理解项目墙。项目墙的要素中,有些是一旦贴上墙就几乎不需要修改的,是相对静态的,比如学习目标、驱动问题、项目日程表/关键日期对应的阶段成果和检查点、评估标准或量规、学科关键词或其他参考资料、最终产品样例,这些要素就像是永远不擦掉的板书;而有些要素是需要持续和学生生成的,是相对动态的,比如"我们知道的事情"及"我们需要回答的问题"清单、过程中的学生作品、缺席学生的任务,这就是教师在实施项目化学习的时候需要着重管理的内容。

正是由于项目墙里有相对静态的元素,教师在每节项目化学习课程开始前,用这些元素做导入的话,会让学生"书接上回"变得更加容易。在进入项目化学习实施阶段,教师需要重点注意项目墙里的动态元素,就是后面这三个:①"我们知道的事情"及"我们需要回答的问题"清单;②过程中的学生作品;③缺席学生的任务。

问题清单标记了学生"知"的范围的逐步扩大,过程中的学生作品标记了学生"行"的成果的逐步增多,"缺席学生的任务"则是向学生坚定地传递了教师对团队是否同心协力的高度关注。

7.3 有红线:对婚庆式实施坚决说不

之所以要讨论红线,是在思考,有没有可能有个很好的项目化学习设计,但是由于教师缺少实施经验给完全弄砸了的情况呢?

仔细想了想,有,那就是婚庆式教学实施——我们把这种学生负责展示能力,教师负责收集证据的教学实施,叫作婚庆式教学实施。而且在现在这种情况下,我国教师弄砸它的概率比国外更高。因为在我国,项目化学习在进入学校之前,也在校外机构使用,服务行业和教育行业是有本质的差异的。具体到项目化学习的实施过程,最明显的差异就反映在了证据收集上。学校需要坚决拒绝婚庆式教学实施,原因非常简单:因为证据收集也是学生需要的能力，项目化学习要培养学生的高阶认知能力，而"评价"本身就是要培养的高阶认知能力之一。理解了证据，才有可能理解评价。

每次在讨论这个问题的时候，我们就会拿出美国教育家约翰·斯宾塞（John Spencer）和A.J.朱利安尼（A. J. Juliani）两人合著的《为学生赋能：当学生自己掌控学习时，会发生什么》里面"导游型教师"给老师们看，图文并茂。老师们看过以后，都哈哈大笑：

图 7-2 导游型教师 ⊖

"我发现自己就像是一位导游，带领学生浏览各种内容。每节课就像是一个精心准备的演示，我会让我的学生感到开心，给他们指出有趣的地方。有些学生可能会提出问题，有时我们甚至还会讨论一下。可是从始至终，我们都一直坐在观光大巴上，寸步未离。我们严格遵守课程指南的路线图，每隔几天我们到达一个新的地方，学习新的内容，实现新的目标。当学生感到无聊时，我会加倍增加教学中的娱乐因素。当他们感到困惑时，我会简化自己的课堂解释。但他们和我一样，都以同样的速度，朝着同样的方向，行驶在同样的路上。而我，就是驾驶这辆'教学大巴'的司机。"

这个"导游型教师"的其他问题，我们都在之前的内容里提到了；唯独他胸口挂的那个相机"我是唯一记录学习过程的人"。在进入项目化学习实施以后，往往教师都会说忙不过来，说需要很多的助教来帮忙。这个时候大概率是由于"引出证据"的动作设计不够充分带来的。

⊖ 约翰·斯宾塞（John Spencer），A. J. 朱利安尼（A. J. Juliani）. 为学生赋能：当学生自己掌控学习时，会发生什么[M]. 王颉，董洪远，译. 北京：中国青年出版社，2019.

非合作类的证据相对容易,请回顾前面包含"评价设计"的项目化学习设计里,有关项目实施的检查点中与"证据模板"相关的内容。合作类的证据相对复杂,需要教师做一定的转化,比如对于要合作书写的部分,可以考虑给小组的学生配上不同颜色的笔;而对于要合作讨论的部分,我们也是建议使用一些与量规水平配套的"关键句子卡片",学生对小组里的某位成员说了这句话,就把自己的"关键句子卡片"放在这位成员的旁边,最后看一眼桌面的卡片情况,就知道合作讨论的时候学生有没有做到量规相应的要求,这个时候有效反馈的来源,就不只是教师,同伴和学生自己都会因为教师充分"引出证据"而对能力进行准确评估。

教师可以想象成学生在玩一个游戏,这个游戏需要捡到一些道具(也就是我们的关键证据)才能通关,那么游戏设计师会如何告知学生这些证据一个都不能少呢?当然是在游戏的一开始就为学生准备一个分成若干小格的空白的道具篮子,时刻提醒他们这些道具(关键证据)的重要性。这个方法沿用到项目化学习实施里面,就是教师不要去为学生"捡"证据,而要为每个学生提前配备好可以自己"捡"证据的篮子。

7.4 有金线:形成性评价,持续性反馈

前面我们已经提到,可迁移性的素养并不是"学而即得"的,因此,需要一把可以反复使用的"尺子",来帮助学生更好地进行练习,这就是"量规"——量规就是一种工具,用来反映学生距离能力目标还有多远的工具。而教师使用这把反复使用的尺子,给学生提供持续的反馈,这样的形成性评价,是项目化学习这个教学策略能够支持学生素养培养的关键所在,我们把它叫作项目化学习课程实施的"金线"。

在本书 5.5 节里,就提供了一个形成性评价使用的例子;可能教师会觉得学生太多,完全反馈不过来,在彩蛋里特别强调"找到最有意义的重复,持续反馈",在我们给学生设计的很多作业里,本身就有重复的动作,其中我们认为最有意义的重复动作的背后,一定可以关联相应的培养目标,比如作文就是在支持学生的写作能力,剪报就是在支持学生的阅读能力,等等。教师本身也需要批改这些作业,现在就是加入"量规",让教师和学生对于能力发展情况都能看得更清楚。而对于不像写作能力、阅读能力这样"外显"的能力,教师则需要依靠"证据模板"(可以回看本书 6.3 节里关于项目实施的内容),引出学生能力发展的证据,再进行反馈。

由于形成性评价的操作流程相对清晰,我们推荐使用美国 Danielson Group(丹尼尔森集团)关于评价的量规*来帮助教师评估自己的状况。这里把其中关于评价设计和评价实施的量规整理在一起,见表 7-1。

表 7-1 评价设计和评价实施的量规

	不满意（水平1）	基础（水平2）	熟练（水平3）	杰出（水平4）
评价设计	评估程序与学习结果不一致	评估程序与教学结果部分一致	所有的学习结果都可以通过设计的方案进行评价	所有的学习结果都可以通过设计的方案进行评价
	缺乏评价标准	有评价标准，但还不清晰	评价标准清晰	评价标准清晰
	教师没有将形成性评价纳入课堂或单元的设计	教师使用形成性评价的方法是初步的，只涵盖了部分学习结果	教师在使用形成性评价方面有一套完善的策略，并设计了具体的使用方法	精心设计形成性评价的使用方法，包括学生和教师对评价信息的使用
	—	—	评估方法可能已经根据学生"群体"的需要做出调整	评估方法可能已经根据学生"个体"的需要做出调整
	—	—	—	该设计方案包含了学生自己为证明能力发展所整理的证据
评价实施	教师没有说明高质量的作品是什么样子的	几乎没有证据表明学生明白他们的作品将被如何评估	教师向学生明确高质量作品的标准	学生表示，自己清楚地了解高质量作品的特点；有证据表明，教师帮助学生建立了评价标准
	教师没有尽力去判断学生是否理解	教师通过单一的方法来监测学生的理解，或者没有从学生那里获取理解的证据	教师引出学生理解的证据	教师持续"把握课堂脉搏"；监测学生的理解是复杂和持续的，并利用各种策略获取关于个体学生理解的信息
	学生没有收到任何反馈，或者反馈是针对全班整体的，或者只针对某一个学生	反馈给学生的信息含糊不清，对学生接下来作品的改进没有指导意义	反馈包括具体和及时的指导，至少反馈是根据学生群体的共性给出的	高质量的反馈来源多种多样，除了教师，还包括学生之间；反馈是具体的，专注于改进
	教师不要求学生评估自己或同学的作业	教师做了一些小的尝试，让学生参与自我或同伴的评估	大多数学生都对自己的作品做出评估并做出改进	无论是学生自己的主动行为，还是教师要求的任务的结果，学生都在对自己的理解程度做出监测

需要强调的是，从评价实施的角度来看，着重把握四个方面：①帮助学生理解标准；②引出学生理解的证据；③提供反馈；④引导学生自评和互评。

需要特别强调的是，这四个方面不是单独成立的，比如"标准模糊"的情况下，就算"引导学生自评和互评"做得再好，也不能起到提升能力的作用。而如果"标准清晰"，但是"引出的证据不充分"，教师就很难提供有价值的反馈，学生的自评和互评也会流于形式。

7.5 重证据：自己建立专业发展档案

与常见的课程教学实施不同，它不能完全依赖听课、评课来提升教师的教学实施能力，原有的听课、评课是以单节课作为单位，大家共同研讨。但是，由于项目化学习的实施周期较长，仅仅靠一节课的听课、评课，不足以帮助教师完成教学实施能力的诊断。对于任何一位教师来说，都不可能在自己的项目化学习完整周期里的每一节课都得到相应的专家支持。

之前有人做过相关统计，教师在自己的职业生涯里大约需要上 23 000 节课，如果教师任教的年段相对固定，教案数量是可以精确计算的，通过教案质量我们也可以看到教师的教学设计能力。但是跟教案数量相比，后面数量巨大的 23 000 节课，除了听课、评课，更多是需要教师自己持续提升自己的教学实施能力，真就像是"师傅领进门，修行在个人"了。

在这种情况下，教师自己的专业发展证据积累意识就很关键。我们可以设想这样一个情况，在没有听课的情况下，一位教师想要证明自己胜任项目化学习教学实施，需要提交什么样的证据呢？关于项目化学习教学实施能力，我们已经给大家提供了量规、转变的过程、有慢有快的能力、红线金线，如果想要给自己建立一个发展档案的时候，需要怎么做呢？

可能大家联想到了在最开始我们给大家介绍的"一模型"，也就是"无限循环模型"*。是的，听课、评课只是专业发展的"非连续"的"片段"，如何规划自己教学实施能力的"连续"发展，才是教师持续突破教学实施能力，特别是项目化学习这种长周期课程实施的关键。

我们先来回顾"无限循环模型"，这个模型里包含四个不同的维度，分别是个体发展、集体发展、能力发展和关系发展，它们彼此相连，形成一个无限循环，如图7-3所示。

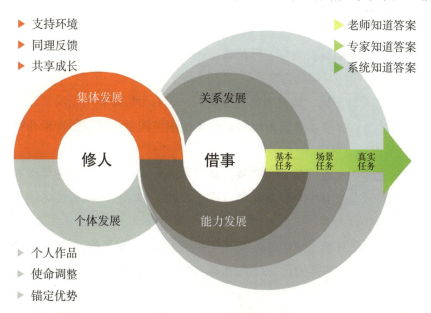

图 7-3　无限循环模型

在个体发展里面，包括个人作品、使命调整、锚定优势。

在集体发展里面，包括支持环境、同理反馈、共享成长。

在能力发展里面，包括实现发展需要突破的能力瓶颈。本书所有的"HOW"这部分的模块，其实都只不过是在解决这个能力瓶颈的问题而已。

在关系发展里面，包括的是实现发展需要连接的各种资源。

我们不能把"专业发展"窄化成"个体发展＋能力发展"，将其变成一个人头悬梁锥刺骨的场景，在这个无限循环模型的下半部分，教师要实现自己的专业发展，不能把自己局限在这个下半部分来思考问题；还可以打开这个无限循环模型的上半部分。

和自己每天低头不见抬头见的同事实现支持环境、同理反馈、共享成长，这个时候如果我们回看本书 5.2 节中 *Clever Lands* 的专家们在日本学校发现的集体教研的故事，可能就豁然开朗了。

至于关系发展，就是第五章"外整合"的作用所在。杭州云谷学校现在负责教师发展和科研的陈迪老师，之前曾有七年多时间投身于提升发展中国家统计专业能力的联合国信托基金项目，四年前举家从北京搬到杭州，跨界进入教育领域。当时我们俩在云谷成了同桌，她对我影响最大的一句话就是："人生是场开卷考。"是啊，我们的教师擅长设计闭卷考，可不能把自己的专业发展也做成了闭卷考。这可能是项目化学习这个兼具"真实性、开放性、复杂性"的教学策略，能够帮助教师突破自我的关键原因。

能够借用项目化学习这个话题，把这一段话写给教师，是我们莫大的荣幸。

7.6　本章小结

虽然实施不是本书的重点内容，但是这里还是想继续用"评价"这个视角，来帮助教师"迁移"理解项目化学习实施的要求。

"有标准"：与设计不同，针对实施的特殊性，我们为教师介绍了量规，但也强调了标准存在的"尺有所短，寸有所长"的问题，希望使用"转变"的视角，来理解项目化学习的实施。

"抓转变"：把项目化学习实施里需要调动的能力分成了三种不同的类型加以介绍，并介绍了相应的支持工具。其中对项目化学习所特有的实施动作即项目墙的使用，与项目化学习设计进行了连接。

"有红线"：探讨了在项目化学习实施中可能需要回避的最大的"坑"（即婚庆式实施），帮助教师理清了学习证据收集责任的归属问题，并且再次强调了教师能够充分"引出证据"的重要性。

"有金线"：把评价的设计和评价实施做了整合，并为教师提供了相对成熟的量规来评估自己的评价能力，从评价实施的角度来看，着重把握四个方面：

①帮助学生理解标准；

②引出学生理解的证据；

③提供反馈；

④引导学生自评和互评。

"重证据"：则是在考虑实施的特殊性的基础上，借助本书最开始提供的"无限循环模型"，希望教师不把"专业发展"窄化成"个人发展＋能力发展"，而是也考虑"集体发展＋关系发展"，用"人生是场开卷考"的方法来解决专业发展的问题，让项目化学习这个兼具"真实性、开放性、复杂性"的教学策略，帮助教师不断实现自我突破。

编者心语

各位读者大家好，我是山东省潍坊未来实验学校校长祁彧，很高兴能参与中国教育科学研究院未来学校实验室组织的"未来学校创新计划系列丛书"的编写工作，同时能够在这本书中贡献自己在学校组织管理中深入开展项目化学习的一些粗浅的想法和经验。

本书是在中国教育科学研究院未来学校实验室第六届项目式学习大赛之后酝酿编写的，我们的团队中既有学校的管理者，他们深谙学校组织运营之道，了解学校在开展项目化学习过程中会遇到的困难和瓶颈，也有一线初中、高中教师，他们从教师的立场思考教师的需要。在本书编写的过程中，经历了框架的设定，线上分块编写，再到最后的统稿，一直在不断地迭代和升级。现在呈现在大家面前的书稿未必达到了我们最初设想的标准，但是，作为项目化学习的实践者，我们团队会在这个基础上继续深耕。我们深深知道做课程从零到一需要极大的勇气和毅力，我们也更能感受到学校管理者决定在全校、全社区开展项目化学习所需要的愿景、策略和领导力。我们真诚地期待有更多一线教师可以把本书作为自己个人专业成长的一块基石，期待学校领导者可以把本书作为学校建设的四梁八柱的一部分。

本书提供的案例有探月学院的真实案例，也有国际上目前比较先进的团队开展的案例，有山东潍坊未来实验学校实践中的案例，也有线上教学中的案例，我们想更真实地还原现场和情境，不管我们在哪种场合，都可以成为项目化学习的实践者和参与者。我们在资源的整理和收集方面也比较立体，有自己原创的课程体系，也有国际上经典的课程方法论。在编写过程中，我们有强烈的感觉，知道我们目前的研究属于浅表研究阶段，所以也想试图找到一种一线教学与理论方法平衡的策略。我们也期待有更多的伙伴、领导者可以加入到我们的研究中来。

纸上得来终觉浅，绝知此事要躬行。

本书在实践过程中肯定会有大量的疑问和困惑，我们特别期待得到您和您的团队的反馈，您的意见和建议将是我们再次起航的动力。书中如有错误和不妥之处，恳请大家批评斧正。再次感谢您能花自己宝贵的时间和我们进行这一场关于项目化学习的心灵对话。如果本书能对您在实践中有所帮助，幸莫大焉。

最后，我要感谢我的伙伴，探月学院张阳博士，清华附中合肥学校秦亮老师，他们利用春节假期时间整理材料，无私地提供资源和素材。感谢中国教育科学研究院未来学校实验室专家团队的不断指导和监督。感谢中国教育科学研究院王素主任的信任与支持。感谢机械工业出版社编辑的审读和订正。

山东省潍坊未来实验学校校长　祁彧

编者心语

我和各位读者一样,也是一名高中一线教师。当中国教育科学研究院未来学校实验室找到我来参与编写本书时,我是有点紧张的。一来,我并不是研究项目化学习的专家,我不敢说了解全球的项目化学习教学情况;二来,随着越来越多的学校和教师开始关注项目化学习,大家可以接触到的项目化学习培训资源也越来越多,我也不敢说自己能做到博采众长。因此,接到这个任务以后,我迟迟不敢动笔。直到有一天,我问了自己一个问题,也是我读博士期间,我的教师问我的一个问题:

"在这个领域,有什么'前人没做,后人非做不可'的事情吗?"

项目化学习的书已经不少,而且还会越来越多,此时此刻,我自己最希望往里面增加的一本书,是什么方向的呢?这个问题的答案,我自己是非常确定的,那就是包含"评价设计"的项目化学习设计。要是从这个方向来介绍项目化学习设计,我可就有十足的动力来写了。

一来,我自己掌握项目化学习的过程,也是和美国三所不同的学校学习项目化学习的过程。最早接触的是HTH,然后接触的是MPX,最后接触的是萨米特的SLP。虽然都是项目化学习,但是这三所学校留给我的印象完全不同,HTH的教师热情,MPX的教师严谨且热情,SLP的教师严谨从字里行间就能读出来。这个过程让我越来越明确,我要解决的问题不再是判断项目化学习好不好,而是我自己能不能做好项目化学习。我也下定决心,一定要用好项目化学习教学,不负素养不负分的感觉,简直太棒了!我想把这样的感受通过这本书传递给教师,这或许是很多教师慢慢理解项目化学习的共通的心路历程。

二来,我除了一线教学,同时也担任MTC(可以理解成美国的高中素养成绩单联盟)大中华区COO,本身就需要帮助更多的学校实现对学生更全面也更个性的评价。项目化学习是实现这种评价的重要方法,MTC里我的同事们也有全球项目化学习的专家;只不过我们在沟通的时候,不是去解决项目化学习的理论问题,而是在解决学校一线教师实际操作的问题。比如,项目化学习的评价如何兼顾知识和能力,项目化学习如何解决动态分层教学与评价的问题,甚至哪个软件才能更好地帮助教师进行项目化学习设计或实施,从而保证评价的真正落地的问题,等等。我国采用项目化学习的方式教学教师要"后发先至"的话,这些还没有答案的问题本身可能对教师的实践也有一定的启发。

从实践者的角度编写本书,再加上自身能力有限,难免挂一漏万,还请大家多多批评指正。

最后,也用陈海贤教师的一句话与大家共勉:"这个世界最生动、最美好、最有活力的样子,就是一个又一个实践者,在理论和实践的微妙间隙,通过他们的实践创造出来的。"

MTC大中华区COO兼北京探月学院社科学部负责人　张阳博士

接触项目化学习，源于2015年我作为美国教育联合会中国区课程中心副主任去加州洛杉矶参加为期一个月的入校课堂观察学习，在近30天的时间里，我走入了三个学区四所学校，初步见识和了解了美国从幼儿园到高中，再到大学真实课堂的生态及课程体系。作为一名具有二十几年教学经验的一线教师，有过几年组织管理经验的课程建设者，我被自己的所见所闻震撼了，中西方教育的巨大差异在我的内心深处留下了一些思考，那个时候我并不清楚什么是项目化学习，什么是驱动性问题，什么是项目墙，只知道自己拍下的几千张照片里边一定有宝藏。在接下来的几年中，每逢寒暑假，我就会和爱人一起飞去美国，深入到学校中进行课堂观察，从加州到南卡罗来纳州，从美国顶尖蓝带学校到家族小微学校，我看到了教学方式的变化和不同。加州红鹰学校科学教师卡西利亚斯（Casillas）一周五节课只教授一个知识，让我体会到什么是"慢工出细活"；化学教师瑞（Ray）从小学科学一直教到大学高分子化学，让我知道什么才是真正的学科专家。我体会到，如果要开展项目化学习，既需要学生在知识学习上"一英寸宽，一英里深"，也需要专家型教师的严谨治学精神和高深的学术本领。

作为一名初中化学教师，对课程标准中的科学探究再熟悉不过，可是，如何将科学探究融入大单元、大概念之中，如何将基于理解的教学设计作为学习设计的基础，如何将自己本学科的内容与其他学科的内容进行横向跨学科教学，如何将义务教育阶段的内容与IB等国际课程进行融合，如何将幼儿园到高中的化学课进行纵向贯通……这些问题一直在我的脑海中萦绕。我该如何将自己的所见所闻传递给更多的同行者？如何将国际教育的精华与本土教育进行有机的融合？基于以上思考，我开设了一个"项目式学习"微信公众号。在这个公众号中，我将国际领先的项目化学习课程资源和课程咨询发布给热爱项目化学习的伙伴。随着粉丝数和阅读数量的增加，我也意识到这件事情已经超越了一线教师在课堂中教书育人的范畴，我感受到一种通过自媒体传递先进教育理念的责任和担当。除本书中出现的一些工具、案例、观点，读者朋友还可以通过阅读公众号信息获取更多资源，欢迎大家通过这个通道对本书的内容提出宝贵意见和建议。目前，我正在和十二位素未谋面的一线教师在线上开展为期半年的学科内项目化学习课例研修，和分布在全国各地的四所学校的科研团队开展跨地域的项目化学习的省市区级课题研究，这些喜欢项目化学习的伙伴在不断激励着我前行。我也感谢我的师兄何鹏教授，他远在美国密歇根州立大学却依然不断地为我这个普通的一线教师提供学术上的专业指导。我更要感谢中国教育科学研究院未来学校实验室能够提供这样的机会和平台。期待有更多对项目化学习感兴趣并想积极实践和探索的教师加入到项目化学习的深度实践和探索中来。正如美国密歇根州立大学教授约瑟夫·S.科瑞柴科（Joseph S. Krajcik）所说："项目化学习是一种教学方法，其重点是让孩子们探究他们认为有意义和有吸引力的问题，并激发他们对世界的好奇心"。

行胜于言，从心出发。愿我们每个人都能保持一颗对世界好奇的心，并开始行动起来！

清华附中合肥学校教师　秦亮